사람이 살아가는 길옆에

志苑 박미서의 글과그림

사람이 살아가는 길옆에

초판인쇄 | 2007년 3월 24일
초판발행 | 2007년 3월 31일

지 은 이 | 박 미 서
펴 낸 이 | 서 정 환
펴 낸 곳 | 수필과비평사

출판등록 | 1984년 8월 17일 제28호
주 소 | 서울시 종로구 익선동 30-6
운현신화타워빌딩 2층 207호
전 화 | (02) 3675-5633, (063) 275-4000
팩 스 | (063) 274-3131
홈페이지 | http://www.shinapress.com
e-mail | essay321@hanmail.net
shina321@chol.com

값 11,000원
ISBN 978-89-5925-199-5 03810

사람이 살아가는 길옆에

志苑 박미서의 글과그림

수필과비평사

지금의 나를 나일 수 있게 나를 자극하고 매달고 내팽개치고 끌어당기고 지탱해 준 젊은 날의 실연, 슬픔과 고통, 고독, 권태, 피로, 비애에게, 또는 짤막한 환희와 위로와도 같은 쓸쓸함에게.

지금의 지적, 정서적 상태에 다다를 수 있게 해 준 내 실수와 과오, 내가 당한 배반과 멸시까지도.

인생의 여정에서 지뢰처럼 도처에 숨어 있어 가끔씩 내가 살아있음을 일깨워주는 복병, 그리움에게.

지금의 내가 나를 기꺼워함을 느낄 수 있게 해 준 지극히 사소한 그 밖의 그 무엇에게.

차례

1부

바람의 눈물 * 12

언덕 위의 하얀 예배당 * 19

가을, 그 절정의 미학 * 24

어둠 속에 돋아나는 꽃들 * 30

꺼지지 않는 등불을 켜다 * 35

그림을 그리며 * 43

다른 시선으로 * 49

이 찬란한 꿈을 * 53

2부

별로 섭섭치는 않게 * 60

손으로 궁리하라 * 65

홍매 * 69

수련 * 70

은수저를 닦는다 * 73

어깨의 힘을 빼라 * 76

하나의 풀잎 * 80

춤추는 바다 * 82

청산이 그 무릎 아래 지란芝蘭을 기르듯 * 85

차례

3부

청매 그리기 * 92

자목련 * 99

가을, 그 청량한 바람 같은 * 100

초록나무가 있는 풍경 * 103

무채색의 꽃 * 108

누구라도 꿈을 꾸게 마련이다 * 110

붉은산 * 115

부채 보낸 뜻은 * 122

4부

소식이 올까 * 128

아버지의 봄날 * 133

여럿이, 혹은 혼자서 * 137

만개 전滿開前 * 141

안구건조증 * 145

빛과 그림자 * 150

스승은 내게 혹독하였다 * 153

변방이면서 중심이면서 * 158

나는 지금 모항에 간다 * 163

■ **작품해설** / 자연 속의 삶, 혹은 삶 속의 자연 · 오하근 * 170

1부

복잡한 도시의 거리를 지나면서 자식들의 진학문제와 그 애들의 담임선생님을 찾아갔을 때의 괜한 죄스러움과 떨떠름함 같은 기분에 대한 얘기들을 나누었다. 아무리 건조해진 감성일지라도 작정하고 나선 하루 동안의 가을 여행길에 마음이 좀 들뜬 듯했다. 일상의 잡다한 얘기를 시끄럽게 떠벌리는 동안 차는 대아호를 바라보며 경사가 완만한 커브길을 천천히 돌아나갔다.

바람의 눈물

그날의 안개비는 바람의 눈물이었다.

목포 앞바다는 온통 연회색빛 바람의 눈물로 젖어 있었고 우리는 적어도 정색하고 싶지 않았다. 아침부터 취하고 싶었다. 바람이 울고 있어, 우리도 아마 울고 싶었을 것이다. 목구멍으로부터 넘어오는 덩어리를 억지로 삼키고 싶지 않았다. 덩어리는 덩어리대로 뱉어버리고 싶었다. 빈속에 소주 한 잔은 목구멍을 타고 내려가면서부터 내장을 샅샅이 훑어 내리는 듯, 찌릿하게 기운을 쫙 빼놓았다. 옷깃을 반쯤 풀어헤치고 조였던 머리와 가슴의 나사를 헐겁게 열어버렸다.

그렇게 우리는 풀어헤쳐진 채, 배를 탔다. 아무에게나 친절하게 말을 걸고 적당히 주책을 떨었다. 갑판에 서서 바다를 보면서 웃기도 하고 진도아리랑을 부르기도 했다. 옷이 많이 젖지는 않을 만큼 안개비가 날아다녔다. 우리처럼 삼삼오오 모여 담소를 나누기도 하고 술

바람의 눈물 · 44.5×60.8cm

잔을 기울이던 승객들은 모두들 선실로 내려가 버리고 우리만의 세상에서 우리는 여전히 취기를 즐겼다.

하늘과 바다의 경계가 희미했다. 어디가 하늘이고 어디가 바다인지 분간이 되질 않았다. 바람은 눈물을 머금었지만 파도는 잔잔하고 여름 바다는 시원했다.

새가 날아다니는 형상이라서 비금도라 불린다는 섬에 닿았다.

우리를 초대한 국 선생은 조그맣고 조용한 포구에서 기다리고 있다가 명사십리 바닷가로 데려갔다. 한 사람도 보이지 않고 나는 새 한 마리 없이 찰흙처럼 단단하고 고운 백사장만 넓게 펼쳐져 있다. 아무리 장마철이라지만 사람이 보이지 않으니 마치 무인도에 떨어진 것처럼 현실감이 없다. 우리는 아무도 없는 그 곳에서 마음껏 소리 지르고 노래 부르고 마셨다. 오직 바람과 백사장과 바다와 하늘, 그리고 우리뿐.

어디선가 연극처럼 지도를 손에 든 여인들이 나타나 우리 노래의 후렴을 따라 부르며 흥을 돋우다가 술 한 잔을 달게 마신 후, 서둘러 사라져 버렸다. 국 선생이 준비한 아이스박스에는 소주와 맥주, 과일과 물에 폭죽까지 꼼꼼히 쟁여 있었다.

우리는 고막재와 하느님 해수욕장, 하트 바닷가를 천천히 돌면서 걷기도 하고 주저앉아 손가락 사이로 빠져나가는 바닷물과 모래를 만지며 보이는 것들을 음미했다. 안개비는 여전히 유령처럼 우리를 감싸고 따라다녔다. 바람은 그렇게, 저마다의 사연으로 내내 울고 있었다.

가는 곳마다 나는 사진을 찍고 담과 인은 빨갛게 익은 산딸기를 따기도 하고 들꽃을 보며 탄성을 질렀다. 바닷물에 발을 담그기도 하고 쭈그리고 앉아 소주를 마셨다. 소주가 달다. 바람이 소주를 익혔나 보다.

고막재 바위 결은 검붉은 빛으로 젖어 있다. 붉다 못해 군데군데 검게 타버린 바위. 바위 틈새마다 세월이 켜켜이 쌓여 있다. '켜켜이', 그 속에 내재되어 있는 사연을 어찌 짐작이나 할 수 있으리. 그 무량한 시간의 흐름을 지나 내 앞에 앉아 있는 바위 결을 보며 나는 '켜켜이' 라고밖에 달리 표현할 길이 없다.

아무도 없는 곳, 커다란 바위들의 집합체 앞에서 가슴이 북받쳐 오르는 현상을 느끼면서 나는 그저 바라보고 있었다. 그러나 바위는 묵묵하였다.

어느 시인이 말했던가. '무명 무실 무감한 님.' 이라고. 바위는 무명 무실 무감하였다.

바위는 자신을 함부로 드러내지 않고 젖은 몸을 웅숭그리

무감한 바위 · 53×46cm

며 낮게 앉아 있었다. 바위는 적막하였지만, 냉정하지 않았다. 그리고 충만하였다.

비금도와 다리로 연결된 도초도의 바닷가 횟집에 앉았다. 더도 덜도 아닌 그만큼의 안개비는 저 멀리서부터 바다와 산을 조금씩 야금거리며 잠식해 오더니 바다와 하늘의 경계를 무너뜨리고 비루한 풍경을 한 살로 섞어버리고 말았다. 우리는 막무가내로 풀어진 채, 하늘과 바다와 안개를 보고 있었다. 하늘과 바다와 안개는 뒤섞여 막연히 뿌연 빛으로 우리를 휘감고 있을 뿐이었다. 그것은 나에게 막막한 느낌을 갖게 했다.

섬에 도착한 후 종일 어디를 가든 사람 꼴을 통 보지 못한 우리는 횟집에 가서야 섬사람과 만날 수 있었다. 바다와 맞닿은 선술집 같은 횟집 주인은 인심이 후했다. 좀 쌀쌀해진 기후에 딱 맞는 따끈한 부침개를 가져와 한 잔의 권주로 이런저런 사는 얘기를 늘어놓았다. 육지로 유학 보낸 자식자랑이며, 염전에서 걷어낸 질 좋은 소금으로 인해 흥청거렸던 옛 영화에 대한 얘기며, 섬의 올라버린 땅값이랑 주절주절 늘어놓았다. 잘 살든 못 살든 늘 육지로 옮겨 앉고 싶은 그에게 육지는 신화의 땅인 듯싶었다.

나에게 신화의 땅은 어디일까.

신화의 땅은 존재하기나 할까.

그 섬에는 명사십리의 밀가루같이 고운 모래사장과 연인들의 사랑이 이루어진다는 하트 모양의 해변과 '무명 무실 무감한 님' 같은 바위가 있었다.

그리고 그 섬에는 사람이 살고 있었다.

默示 · 63×37cm

언덕 위의 하얀 예배당

을씨년스런 하늘을 기대고 겨울나무들이 서 있다. 나무들은 서리가 내려앉은 것 같기도 하고 서설을 이고 있는 것 같기도 하다.

그 겨울나무들 사이로 교회 첨탑이 보인다. 그리고 어김없이 교회의 종소리가 들린다. 어렸을 때 들었던 은은하고 맑은 종소리가 들린다.

어렸을 때 나는 언덕 위에 있는 하얀 예배당 옆에 살았다.

아홉 살 때 전주에서 익산의 한 작은 동네, 교회 옆으로 이사를 왔기 때문이다. 어머니가 친척 어른의 빚보증을 서 전재산을 날리고 작은 셋집을 얻어 쫓기다시피 한 이사였다.

부모님은 우리에게 형편이 어려운 내색을 하지 않으셨지만 무언가 알 길 없는 칙칙한 기운이 감도는 덥고 좁은 방이 싫었다. 자꾸만 감나무가 있는 전주 집이 생각나 나는 밖으로만 나돌았다. 밖이라고 해봐야 큰 신작로엔 대전이나 서울 가는 버스들이 먼지를 일으키고 다니는 통에 나와 동생들은 길 건너 교회 언덕으로 몰려다니며 놀 수밖에 없었다. 집 앞의 논두렁보다는 교회 언덕이나 넓은 마당이 놀기에 훨씬 좋았던 것이다. 우리는 팔방놀이도 고무줄놀이도 교회 마당에서 했다. 교회에서 숨바꼭질을 하면 숨을 곳이 너무 많아 술래가 오랫동안 찾지 못해 놀이가 시들해질 지경이었다. 수령이 백 년도 훨씬 넘었음직한 왕벚나무가 있는 그 언덕의 잡목 사이에 숨어 있자면 진달래 꽃망울이 눈앞에 가득 들어왔고 발 아래에는 제비꽃이 숨죽이고 있었다.

놀다가 지치면 언덕 잔디밭에 앉아 노을을 바라보며 공연히 한숨을 쉬었다. 그때 울리던 종소리는 얼마나 좋았던가. 새벽녘 어쩌다 선잠 결에 들리던 종소리는 참 맑기도 맑았다.

어느 한 겨울날 자고 일어난 아침 짙푸른 상록수 위에 꿈처럼 소복이 쌓여 있던 흰 눈은 얼마나 나를 설레게 했던가.

아무리 예배당을 뱅뱅 돌며 떠들고 놀아도 우리에게 제재를 가하는 사람은 없었다. 예배를 드리자고 강요하는 사람도 없었고 그저 그렇게 아무렇게나 우리를 내버려 두었다.

그 때, 교회 언덕에서 우리는 '천상천하 유아독존' 이었다.

그 하얀 예배당은 나의 놀이터였고 삶의 터였으며 내 철학의 산실이었다. 그리고 나의 성소였다.

성소. 나는 그곳에서 내 이루어지지 않는 꿈과 방해받지 않는 눈물과 절대고독과 은밀한 반란을 키웠다.

매일 교회 언덕에서 살았어도 막상 예배당 안에 들어가는 일은 크리스마스를 목전에 둔 단 며칠뿐이었다. 이브에 공연할 연극에 우리는 단역으로 출연했으므로 늦은 밤까지 연습을 하고는 찬 손을 호호 불며 꼬마 색전등이 반짝거리는 언덕을 내려 집으로 왔다. 크리스마스에 팥빵 얻어먹는 재미는 얼마나 쏠쏠하였던가. 밤늦도록 공연을 보고 집으로 올 때면 마치 은밀한 음모를 도모한 악동들처럼 속닥거렸다.

크리스마스가 지나면 우리는 또 여전히 예배는 드리지 않고 교회를 다녔다. 동네 아이들이 모여 교회 마당에서 노는 놀이가 우리의 예배였다. 그것이 우리의 예배의식이었으며 교회에 대한 우리 식의 믿음이었다. 그러는 우리에게 이단자라거나 국외자라고 질타하는 어른은 한 사람도 없었고 그런 일들은 자연스럽게 진행되어 우리가 이방인이라는 생각이 전혀 들지 않았다.

우리가 전주에서 이사 온 지, 일이 년쯤 되었을 때다.

집에 불이 났다.

바느질하시던 어머니의 숯불 다리미에서 불똥이 튀어 마당가에 땔감으로 쌓아놓은 마른 짚단에 불이 옮겨 붙은 것이다. 순식간에 타오른 불은 판자울타리를 태우고 지붕에 옮겨 앉기 직전이었다. 그야말로 일촉즉발이었다. 어머니와 우리들이 당황하여 우왕좌왕하는 사이 어쩐 일인지 금방 소방차가 달려와서 불을 껐다. 때마침 볼일을 보고 들어가시던 교회목사님이 소방서에 신고를 하셨다고 했다.

어머니랑 인사를 드리러 갔더니 불을 보고 구경만 하고 있을 사람이 어디 있겠냐고, 그 말만 하셨다. 그 후로 목사님은 길에서 우리 가족과 마주치면 반가운 인사나 나눴을 뿐, 교회에 다니라고 한다든가, 심방을 온다든가 하는 일은 없었다.

우리 형제가 자라면서 그곳을 떠나 다른 곳으로 이사를 했지만 우리는 종종 그 하얀 교회와 목사님과 교회 선생님과 크리스마스와 종소리에 대해 추억하곤 했다.

어머니가 돌아가시기 한 오 년 전쯤 되었을까. 자고 일어나시다 머리가 몹시 아파 병원에 입원하신 적이 있었다. 원인을 발견하지 못해 몹시 놀라고 황망해 있을 때, 여동생이 그 하얀 교회의 돌계단을 어머니 손을 잡고 내려오는 꿈을 꾸었노라며 교회에 다니기 시작하여 가족 모두 크리스천이 되었다. 그 때 그 목사님이 우리 가족을 위해 기도하셨을까. 아니면 오랜 세월 동안 우리가 의식하기도 전에 그 예배당과 목사님과 종소리를 만나며 무의식 세계에서 하나님의 섭리를 감지하였을까.

나는 땡신자이다.

겨우 일주일에 한 번 드리는 예배를 그나마 툭하면 결석하고 새벽 기도는 아예 꿈도 못 꾼다. 게으르고 무지하고 기도도 제멋대로인 나를 하나님은 그래도 사랑하신다고 제멋대로 믿는다.

그럼에도 불구하고 지금 교회 건물은 사라져버리고 이름만 남아 있는, 어릴 적 언덕 위의 하얀 예배당이 가끔씩 그립다.

유감스럽게도 그런 성소는 이제 내게 없다.

어두운 하늘을 등지고 서 있는 겨울나무 사이로 종소리가 울려 퍼진다.

가을, 그 절정의 미학

"미쳐브러."

채 흥분이 가시지 않았는지, 양 선생이 사투리까지 쓰면서 위봉사 단풍이 절정이란다. 갑자기 회식자리는 절정의 가을 이야기로 수런거렸고 양 선생은 당장 내일 봐야 된다고 채근이다. 너도나도 가겠다고 시끌덤벙했지만 사람들은 사정도 많다.

이튿날 오전 열시, 싱겁게 J선생과 단둘이서 느긋한 마음으로 차를 몰았다.

복잡한 도시의 거리를 지나면서 자식들의 진학문제와 그 애들의 담임선생님을 찾아갔을 때의 괜한 죄스러움과 떨떠름함 같은 기분에 대한 얘기들을 나누었다. 아무리 건조해진 감성일지라도 작정하고 나선 하루 동안의 가을여행길에 마음이 좀 들뜬 듯했다. 일상의 잡다한 얘기를 시끄럽게 떠벌리는 동안 차는 대아호를 바라보며 경사가

彼岸 · 54×45.5cm

완만한 커브길을 천천히 돌아나갔다.

저녁녘 대아호 저수지는 역광을 받아 물가에 서 있는 산들이 호면에 그림자를 드리우고 있었다. 가끔 야단스럽지 않은 바람이 쓸쓸한 풍광 위로 일렁거리고 물가엔 새 한 마리도 없이 고요했다.

"참 좋구나."

아침나절에 보아도 역광의 방향만 달라졌을 뿐, 동상의 가을은 여전히 유난스럽지 않고 화려하지 않으면서 산 위의 스카이라인이 아련한 실루엣을 만들어내고 있다. 마치 오십대의 기품있는 여인네의 품성을 닮은 듯하다. 우리는 굽이굽이 물길을 따라 들어가다가 운일암반일암 쪽으로 꺾어 달렸다.

고개 하나 사이로 단풍은 완연히 달랐다. 동상의 가을이 인생의 쓴맛 단맛을 어지간히 맛보고 난 다음의 일종의 달관함에서 오는 차분한 모습이라면 고개 너머의 풍경은 이제 막 정염에 불타오르는 열정, 그것이었다. 상록수 사이로 점점이 박혀 있는 활엽들은 저마다 제 이름에 걸맞은 제 빛깔을 찬연히 뽐내고 있었다. 마치 19세기 유럽의 인상파 그림처럼.

얼마나 우려냈을까. 봄의 연하디연한 연두빛 잎사귀가 진초록, 검푸른 색으로 변신을 거듭하면서 여름날의 폭염과 태풍의 비바람과 천둥소리를 견디며 상처받고 할퀴고 뒤집히고 죽을 듯 다시 살아나면서 익혀온 인고의 색깔이다. 바람과 햇볕과 이슬을 받아먹으며 익을 대로 익은, 우려낼 대로 우려낸 조선여인의 가슴속 같은 색깔이다. 젊은 날의 수치와 고난을 견뎌내고 허물을 벗어버린 자의 넉넉한 빛깔이다.

그 때, 그 시간의 운일암반일암은 기암괴석의 남성미와 계곡의 맑은 물 위에 비치는, 마침내 다 이루어낸 단풍의 여성미로 인하여 하나의 '완성' 을 이루고 있었다.

완성. 이 땅에 완성의 실체가 흔할까마는 나는 '완성' 이라는 단어를 떠올리고 있었다. 살아가면서 이러한 가을을 만나는 일이 몇 번이나 있을까. 인생의 가을에 서 있는 내 생애의 흔적은 어떤 색깔의 잎사귀일까.

지나가버린 내 생의 여름날, 내게 지워졌던 질곡의 덩어리를 과연 열심히 견뎌내고 극복해냈던 것일까. 혹 무책임하게 회피한 적은 없는가. 표현할 수 없는 마음을 담은 채 양 선생이 미쳐버리게 좋다던 위봉폭포를 아껴두고 내친김에 육십령 고개를 넘어 안의계곡 쪽으로 방향을 잡았다.

어느 누가 그렇게 시적인 이름을 지어 불렀는가. 달을 희롱한다는 농월정, 달 밝은 밤에 이곳, 넓디넓은 바위에 앉아 옛 시인처럼 달빛 휘감고 놀아보면 흥이 나겠다.

바위 좋고 경치 좋은 자리에 세워진 서너 곳의 정자마다 올라 바람을 만나고 쪽빛 하늘을 만나고 살살거리는 옥수의 이야기를 들었다.

평일이라서 그런지, 여름날 피서객으로 몸살을 앓았을 계곡이 맘껏 휴식을 취하고 있다. 어쩌다 사진작가나 데이트를 즐기는 남녀가 두엇 거닐고 있을 뿐. 계곡은 참으로 고요했다. 우리도 점점 말을 잃은 채 각자의 사념에 빠져 있곤 했다.

어느새 용추폭포에 닿았다. 우리는 아예 말을 잃은 채 오염되지 않고 순하게 물든 활엽수들 사이로 난 조그마한 길을 천천히 걸어 올라

갔다. 어쩌면 이렇게 처연하도록 아름다울까. 어쩌면 이렇게 나는 아름답다는 걸 느낄 수가 있는 걸까. 가을의 절정에 서서 아름다움을 느낄 수 있다는 사실이 처음에는 황홀했다. 그리고 다음에는 고마웠다.

날빛이 점점 스러지자 기온이 약간 내려갔다.

폭포를 끼고 돌아 작은 절집을 지나, 떡갈나무 숲속의 도토리가 떨어진 길을 걸어, 왔던 길을 다시 돌아가기 시작했다. 돌아오는 길가 풀숲 속에 숨어있듯 피어있는 들꽃을 바라보면서 나는 조금씩 쓸쓸해지기 시작했다. 그러다가 이유를 알 수 없는 슬픔이 몰려와 조금씩 서러워지기 시작했다.

구릉이 완만한 산기슭에 모여 앉은 시골마을이 편안하게 엎드려 있고 어느 집에서 쇠죽이라도 끓이는지 저녁연기가 안개처럼 마을을 싸고돌아 추수 끝난 논바닥으로 길게 깔리고 있었다. 옆자리의 J 선생이 설풋 잠이 들어 쌔근거리는 숨소리만 조용히 들리고 있을 뿐, 내 마음에서 점점 현실감이 사라지고 있었다.

넘어가는 해를 바라보며 한적한 시골길을 달려가는데 날은 점점 어두워지고 막연히 이승이 아닌 것 같은 느낌이 나를 마치 꿈결인 양 착각에 빠지게 하였다. 소리 없이 눈물을 흘리면서 돌아오는 길이 참으로 감미로웠다.

참으로 아름다워 서러웠던 그 해 가을 이후로 다시 몇 번의 가을이 지나갔다. 그리고 지금 또 가을의 한복판에 서 있다. 이 가을에는 무엇을 느낄 수 있을 것인가. 덧없이 또 한 번의 가을이 내 인생에서 지나가고 있는데….

滿空 · 163×110cm

어둠 속에 돋아나는 꽃들

갑자기 들이닥친 아버지의 죽음을 나는 인정할 수가 없었다. 일찍 가신 어머니 몫까지 더해, 오래 사실 거라는 맹목적인 믿음에는 아버지의 건강도 한 몫 담당했다는 것을 부인할 수는 없대도 그렇게 허망하게 인사 한 마디 못하고 헤어지게 될 줄은 몰랐다. 어머니한테 못 전했던 마음을 절절히 말씀드리리라, 두 번 다시 육친에게 후회되는 짓은 안하리라 다짐했지만 아버지는 그것마저 허락하지 않고 가버리셨다.

뛰어다니던 아버지가 머리를 다쳐 의식불명인 채로 중환자실에 누워계셨다. 퉁퉁 부은 얼굴이 도무지 아버지 같지 않고 낯설었다. 그때 시트 밑으로 아버지의 발을 보았다. 아, 낯익은 아버지의 발. 통풍으로 엄지발가락의 연한 속살이 발갛게 부어있는 발. 아버지의 발이었다.

어머니의 갑작스런 암 선고는 겁 많고 유약한 아버지의 혼을 빼놓을 만큼 힘들게 했고 통풍은 이 틈을 타 아버지에게 쳐들어왔다. 정신적인 극심한 고통을 잊어버리게 할 만큼 통풍의 통증은 견딜 수 없이 격렬했고 넋 나간 가족들이 어머니한테 매달려 있는 동안 아버지는 돌봐주는 가족도 없이 홀로 입원을 해야만 했다. 지독한 통증을 경험한 아버지는 통풍이 재발되는 기미만 보이면 서둘러 투약을 하고 섭생을 주의하셨다.

외아들이 사업에 실패한 후, "내 아들이 길바닥에 나앉으면 어떻게 하냐?"며 애간장을 녹이던 아버지는 통풍 같은 대리통증도 앓지 않고 그만 가버리셨다.

이제야 통풍으로부터 자유로워지셨구나, 아버지는. 나는 한숨을 내리쉬며 단 한 번도 만지지 않았던 아버지의 엄지발가락을 두 손으로 가만히 감싸 쥐었다. 햇빛이 너무 눈부셔서 거울이 쨍하고 깨질 듯한 여름, 배롱나무 꽃이 처연히 피어있던 날이었다.

삼우제를 지내고 곧바로 화실로 나갔다.

아무리 심신이 녹초가 되었다 해도 그려주기로 한 그림의 약속을 더 이상 미루기가 난감했다. '나비의 날갯짓' 이라고 이름 붙인 내 능소화 그림을 보고 '나비의 날갯짓' 이라는 시를 쓰신 임억규 선생께서 부탁하신 시집 표지화를 그려야 했기 때문이다. 임억규 선생은 집안의 조부뻘 어른이다.

손으로 그림을 그리면서도 자꾸만 아버지의 죽음에, 아버지의 인생에 사로잡혀 내 머릿속은 물감을 흩뿌려 섞어놓은 것처럼 어지럽고 막막했다.

능소화는 죽음과 삶의 무게로 버무려져 밝고 어둡고 화려하고 비애에 찬 미묘한 색으로 내 앞에 나타나기 시작했다. 능소화. 칠월 햇빛 밝은 날에 어디에나 강한 흡착력으로 달라붙어 하늘로, 하늘로 올라가 하늘을 범하는 꽃. 능소화는 강한 생명력을 갖고서 감히 하늘을

어둠속에 돋아나는 꽃들 · 54×45.5cm

대적하고자 꿈을 꾼다. 꽃잎은 속에서부터 노랑과 주황, 빨강으로 점차 짙어지는 통꽃으로 강렬하고 환하게 다닥다닥 핀다. 그러다가 통째로 툭 떨어진다. 비 온 뒤면 능소화는 땅에 수북이 떨어져 비장미를 느끼게도 한다.

내 삶은 능소화만큼이라도 되는 걸까.

능소화의 강인한 삶의 의지와 도전력과 하늘을 능하고자 하는 의지가 새삼스럽다. 열심히 살다가 생을 마감할 때는 미련 없이 툭 떨어져 버리는 능소화. 능소화처럼 훌쩍 가버린 우리 아버지.

아버지의 죽음을 생각하면서 나는 잘 살고 싶었다. 어차피 자신의 죽음은 보지 못할 테니 아버지의 죽음으로 인해 각성하고 싶었다. 그것은 내 삶에 대해 각성하는 길이었다. 내 죽음을 각성하기 위해서는 아버지의 죽음이 내 삶 속에서 계속 살아 숨쉬고 있어야 한다. 아버지의 죽음이 잊히는 순간 내 삶은 타락하게 되고 아마도 썩어 문드러지게 될 것이다. 아버지의 죽음을 기억하는 일은 내 삶의 방부제를 지니고 있는 것이다.

아버지는 생전에 나를 가르치려고 하신 적이 없다. 아주 어려서부터 아버지는 나를 성인으로 대했다. 무엇이나 상의를 하고 내 의견을 물어볼 뿐, 나를 가르치시진 않았다. 그러나 돌아가셔서 내게 끊임없이 가르치신다.

잘 살고 싶은 만큼 잘 죽고 싶다. 잘 죽고 싶으면 잘 살아야 된다.

죽음에 늘 대비한다면 잘 살 수 있을 것이다.

나는 정말 잘 살아내고 싶다.

그러려면 아버지의 '통풍' 하나쯤 가슴에 지니고 살아야겠다. 통증을 극복하는 지혜와 인내는 내게 삶을 각인시켜 줄 것이므로.

나는 능소화의 주홍빛 열정과 하늘을 향하여 기어오르는 지칠 줄 모르는 생명력, 꿈을 이루고자 하는 열망, 군더더기 없는 산뜻한 생의 마감이 좋다. 잘 살고 잘 죽는 능소화를 닮고 싶다.

포리스터 카터의 소설 '내 영혼이 따뜻했던 날들'의 인디언 할아버지처럼 몸의 마음이 먼저 졸기 시작하고 다음에 영혼의 마음이 졸다가 영혼이 서서히 몸을 빠져나가는 죽음을 맞이하고 싶다.

혜안과 관조와 달관이 없으면 안 되는 일이겠지.

꺼지지 않는 등불을 켜다

"너, 나한테 시집이나 와라."

한 달 내내 매일 같은 시간에 시시껄렁한 전화만 시답잖게 해대더니만 기껏 만나자고 해서 한다는 소리가 "결혼 안 하냐?"였다. 할 수도, 안 할 수도 있는 내 결혼이 뭐가 대단해서 만나자마자 쌔고쌘 말 다 놔두고 "결혼 안 하냐?"인가.

봄이라고는 하지만 아직 몸에 한기가 느껴지는 쌀쌀한 오후였다.

"뭐, 이런 형편없는 사람이 있어."

선배는 대번에 나에게 형편없어져 버렸다. 동아리 모임에서 처음 만난 날부터 선배의 돼먹지 않은 짓에 입씨름을 벌였고 다른 선후배들은 우리의 설왕설래에 실실 웃으며 재미있어 했지만, 선배는 그때도 내겐 형편없는 존재였다.

하지만 그는 내 선배였고 나는 그의 후배였다.

꽃등불을 켜다 · 38×38cm

선배는 후배의 '밥'이다. 그는 '밥' 노릇만큼은 잘했다. 다른 선배들처럼 그도 좋은 선배였다. 나는 심심하면 떼를 썼고 선배는 무조건 들어주었다. 언니 오빠가 없는 나는 떼쓰는 게 좋았고 그는 흑심이 있어서 우리의 기묘한 만남은 계속되었다.

그런 그가 "결혼 안 하냐?"를 물을 때처럼 무식하게, "너, 나한테 시집이나 와라."며 직격탄을 날렸다. 시집이나? 무슨 애들 껌 씹는 소리. 결혼하자고 해도 시큰둥할 텐데, 시집이나 오라고? 내가 왜? 나도 무식하게, 무식하게 나오면 더 무식하게 응수했다.

"싫어."

"왜?"

"나는 게을러서 일하기 싫거든. 밥하기도 싫고 청소는 더 싫어. 때가 됐다고 꼬박꼬박 밥 챙겨 먹는 것도 싫어. 아침에 일찍 일어나야 하는 것은 죽기보다 싫어. 결혼 안 할 거야."

그땐, 잠은 눈꺼풀이 무거울 때, 밥은 먹고 싶을 때 먹는 것이 자유롭게 사는 일이라고 생각했다.

그냥이라고 말해야 했다. 그냥, 그냥이라고만 했어도 나는 유유자적 근사한 독신녀의 일생을 구가할 수도 있었을 것이다. 결혼제도에 얽매이기 싫었으니까. 한 남자에 매달려 평생을 사는 것도 싫고 시댁 식구들과 얽히는 것도 싫었으니까. 그 시대를 풍미한 사르트르와 보부아르처럼 계약결혼이나 하면 몰라도.

나는 내 식대로 말하고 그는 그의 뜻대로 말했다. 그는 싫은 짓은 안 하면 된다, 여자가 결혼한다고 해서 꼭 하기 싫은 일을 할 필요는 없다, 서로 좋아하는 일을 나눠 하면 된다고 힘도 안 들이고 말했다.

"그래도 싫어."

나는 환상과 격정에 사로잡혀 사는 천방지축 제멋대로이고 선배는 도덕적 보수적 합리적인 사람이다. 우리는 물과 기름처럼 겉돌 수밖에 없는 사람들이라는 나의 말에 서로의 결점과 장점을 보완할 수 있으니 얼마나 이상적인 결합이냐고 그는 꼬드겼다.

하기야 그는 아이 아빠로서는 상당히 이상적인 유전자를 갖고 있는 사람이기는 했다. 결혼은 안하더라도 딸 한 명쯤은 꼭 낳고 싶었으니 이왕이면 나보다 훨씬 나은 딸을 낳고 싶은 욕심은 당연하고도 당연한 일. 선배의 장점과 내 장점만을 가지고 딸이 태어난다면 그건 정말 대단히 기적적이고 환상적인 일이 될 것이다.

어쨌든 나는 한참 있다가 다시 말했다.

"아무튼 싫어."

"왜?"

"살다가 내 영혼을 홀랑 뒤집어놓는 사람이 나타나면 어떻게 해. 그 사람 기다릴래."

나는 진심으로 말하고 그는 웃지도 않고 진지하게 대답했다.

"바보야, 그럼 그때 가서 그 사람한테 가면 되잖아."

"간다고 하면 보내줄 거야? 정말 화 안내고 보내줄 거야?"

"그럼."

순하게 대답하는 그의 말을 듣는 순간, 내 마음 밑바닥에 믿음처럼 등불 하나가 켜졌다. 그 등불은 따스했다. 순진한 나는 등불을 켠 가슴으로 스물여섯 꽃다운 나이에 그와 결혼했다.

그러나 결혼은 현실이었다.

더 이상 그는 내 선배가 아닌 건 말할 것도 없고 어머니가 안 계신 집안의 실질적 가장이고 장남이었다. 그에게 나는 더 이상 사랑스런 후배도, 열심히 꼬드겨 결혼하고 싶은 귀여운 여자도 아니고 그저 자기 동생들 잘 챙기고 집안 단속을 게을리하지 말아야 하는 아녀자에 불과하였다.

그가 내게 한 약속을 지키지 않은 건 아니다. 다만 처해진 상황이 나로 하여금 마땅한 처신을 하게 만들 뿐이었다. 어쩌다 보니 서른도 안 된 나이에 나는 두 아이의 엄마가 되어 있고 시어머니 안 계신 집 안의 맏며느리, 큰형수 노릇을 잘하든 못하든 감당해야 했다.

결혼에 대한 대단한 환상을 가진 건 아니었지만 나는 조금씩 지쳐 가기 시작했다. 남편은 내 눈을 바라보고 말을 걸지도 않고 내가 하는 말에도 건성이었다. 우리는 단지 동거인에 불과할 뿐이었다. 적어도 마음 따뜻해서 늘 기대고 싶었던 선배였는데 기대기는커녕 그는 짜증만 늘어갈 뿐이다. 여차하면 삐치기는 또 얼마나 잘 삐치는지. 삐치는 건 그래도 애교로 봐줄 수 있었다. 저 사람은 무얼 위해 살까. 이해할 수가 없었다.

처음에는 어떻게 해보려고 했다. 그래서 대판 싸움을 걸거나 무관심한 척도 해보고, 무작정 야료를 부리기도 해보지만 들은 척도 하지 않았다. 결코 남편의 악조건이 싫은 건 아니었다. 나를 못 견디게 하는 건 남편의 태도였다.

내가 죽겠다 해도 눈썹 하나 씰룩이지 않는 남편이 아이들한테만은 지극정성이었다. 그렇게 좋은 아빠일 수가 없다. 그 점 하나만으로 남편을 용서했다. 하지만 용서하는 건 머리이고 가슴은 남편을 거부하기 시작했다.

그렇게 십년. 새처럼 재잘거리길 좋아하는 내가 남편에게 입을 닫기 시작했다. 나는 절망했다. 그는 둔하고 둔했다. 몇 달씩이나 말을 안 해도 전혀 눈치를 채지 못했으니까. 아니, 말은 했다. 식사해라,

아무개가 전화 했다 같은. 그건 내 의지나 감정을 이야기하는 게 아니라 동거인에 대한 최소한의 예의였다.

어느 날 그가 어두운 얼굴로 얘기 좀 하자고 했다. 내가 그렇게 얘기 좀 하자고 안달할 땐 들은 척도 안 하더니만.

잠자리에서 자기의 살이 닿으니 내가 움칠하더란다. 이거 보통 심각한 문제가 아니구나, 했나 보다.

감정을 극도로 배제한 낮은 목소리로 "같이 살기 싫다."고 말했다. 헤어질 때 헤어지더라도 이유나 알잔다. 그게 무슨 의미가 있지?

"들을 귀가 있어야 무슨 얘기를 하지."

"너, 남자 생겼니?"

"남이사."

남편은 이제 내게 남이다. 대답할 아무런 의무가 없다. 이미 그런 얘기들이 아무런 의미가 없다. 남편이랑 같이 살기 싫어진 건 상대적인 것이 아니다. 그가 누구에 비해 맘에 들지 않다거나 어떤 누가 좋아져서 자기가 싫어진 게 아니라는 걸 아직도 몰랐다. 한심하게도.

결혼 전 했던 약속을 지키려고 하는지 기껏 한다는 소리가 "남자 생겼냐?"였다.

잘 들어 보겠으니 말 좀 하라고 했다.

밤 12시, 해묵은, 내 안에서 썩어 뒤엄이 된, 그래서 내 한숨이 되고 눈물이 되고 병이 되어버린 이야기를 하나씩 끄집어냈다. 그랬었구나, 나 같아도 화가 났겠네, 정말 몰랐어, 미안해, 남편은 열심히 추임새를 넣어가며 귀를 기울였다. 이야기 할 맛이 났다. 이야기한 지 댓 시간이 지나자 나를 짓눌렀던 무거운 덩어리가 점점 나를 빠져나가는 것 같더니 갑자기 몸이 날아갈 것처럼 가벼워졌다. 한숨과 눈물과 병이 순간에 사라져버렸다. 자꾸만 염치도 없이 웃음이 실실 났

幻, 열려오는 새벽 · 8호

다. 신명이 났다. 잘 차린 굿판이었다. 굿판에서 나는 마음껏 울고 뒹굴고 춤추고 놀았다. 한바탕 질펀한 해원굿이었다. 길고 긴 얘기를 마치고 나는 단잠에 빠져들었다. 오랜만의 단잠이었다.

남편은 같은 방식으로 다시는 힘들게 하지 않았고 내 안에 꺼져버렸던 등불 하나가 다시 켜졌다.

그는 내가 아주 사소한 일로 떼쓰고 싶은 선배고 내 작품의 호의적 관객이고 맛깔스런 밥상을 차려주고 싶은 손님이고 새벽잠 없어 일찍 일어났다가 새벽 차가운 기운에 오그라든 채 자고 있는 나에게 이불을 살며시 여며주는, 오래 오래 만나고 싶은 묵은 된장 같은 친구이다. 그리고 우연히 밖에서 만나면 가슴 두근거려지는 애인이다.

지금까지 남편과 잘 살고 있는 건 순전히 남편의 덕이다.

불행인지, 다행인지 아직까지 내 영혼을 홀라당 뒤집어 놓는 남자가 나타나지 않은 때문인지도 모르겠지만.

그림을 그리며

인간이 도달하고자 하는 감정의 이상세계는 황홀경이다.

인간의 전역사를 통해서 황홀경을 맛보고자 하여 사람들은 여러 가지 수단과 방법으로 부단히 노력하고 발전시켜 왔다. 뿐만 아니라 황홀경의 순간을 조금이라도 지속시키려는 훈련을 마다하지 않았다.

가장 원초적이고 본능적인 수단인 남녀간의 사랑, 고도의 정신상태로 접어드는 종교적 체험, 그리고 학문과 예술을 통한 엑스터시이다.

오래 전에 김윤식의 『황홀경의 미학』이라는 책을 가까이 놓고 애독했다. 누구에겐가 빌려주고 돌려받지 못했는데 지금은 절판되어 구할 수도 없으니 안타깝다. 맛있는 음식을 아껴가며 야금야금 먹듯 읽던 기억이 너무도 또렷하게 남아 있다.

읽은 지 너무 오래되어 확실한 묘사는 가물가물하지만 「몽유도원도」

를 처음으로 본 김윤식의 정서적, 지적 느낌은 지금도 전율할 정도로 그대로 전해온다. 김윤식은 안견의 「몽유도원도」를 보았을 때 황홀경을 넘어서 어떤 이유 모를 피로감마저 들었다고 고백했다. 품격 높은 예술작품을 감상할 때 느끼는 황홀경은 어디에도 비할 데 없다는 것이다. 그의 섬세한 오감과 심미안과 부지런한 발품이 부러웠다.

부러운 게 어디 그뿐이랴. 게으르고 잠 많고 재능 없고 변덕이 죽 끓듯 해 끈기마저도 없는 삼십대의 내가 어찌 부러운 게 한두 가지였겠는가.

대전 아주미술관으로 '이태리 판화 400년 전'을 보러 갔다. 15세기에서 19세기 사이에 제작된 회화, 조각, 건축을 재창작한 판화가 전시되고 있었다. 르네상스에서 낭만주의에 이르기까지 400년 동안, 서양미술의 중심에 있던 다빈치, 미켈란젤로, 티치아노, 푸생, 루벤스, 앵그르 등의 작품이 판화로 재탄생된 작품은 섬세하고 우아했다. 특히 잉그레이빙 기법(동판의 한 기법)으로 제작된 작품은 매우 부드럽고 꼼꼼해서 판화의 또 다른 매력을 느끼기에 충분했다. 미로처럼 구불구불하게 돌아다니게 설계된 전시실은 보는 사람으로 하여금 마치 어릴 적 숨바꼭질할 때 숨어 들어갔다 잠들어버렸던, 짚단이 있는 창고처럼 편안했다.

천천히 미로를 따라가다가 나는 스탕달이 한눈에 반했다는 「베아트리체 첸치의 초상」 앞에 섰다. 순결무구한 소녀가 슬프고 맑은 눈망울로 멍하니 나를 바라보고 있었다. 귀도레니의 작품을 르메르시에가 석판화로 만든 단색판화였다. 14세의 어린 나이로 로마 귀족인 아버지에게 겁탈당한 베아트리체는 복수하기 위해 아버지를 죽여 버렸다. 베아트리체의 살인이 정당방위다, 아니다, 로 여론이 시끄럽게 들끓다가 결국엔 형장의 이슬로 사라져야 했다. 사형당하는 여자아이가 워낙 미인이라서 사람들은 절세미녀의 얼굴을 구경하러 피렌체의 산타크로체 교회 앞 광장에 구름떼같이 모여들었고 귀도레니는 사형집행을 미루도록 부탁하고 죽임을 당하기 전의 베아트리체를 그렸다.

『적과 흑』을 쓴 스탕달이 그 그림을 보자 심장이 떨리고 무릎에 힘이 빠져 주저앉아 버렸다고 한다. 피렌체에서 많은 관람객들이 그림을 감상한 후 스탕달과 같은 정서적 압박감을 경험했는데 그 이후부터 그런 현상을 스탕달 신드롬이라 했다.

이렇듯 예술은 김윤식이나 스탕달이 느꼈던 것처럼 크건 작건 우리에게 여러 감흥과 동시에 환희를 준다. 그러한 정서적 신체적 미묘한 감동의 상태를 '황홀경' 이라 말할 수 있다면, 감상에 비해 더욱 능동적이라 할 수 있는 창조적 행위가 주는 '황홀경' 을 어디에 비하겠는가.

사람답게 살려면 일종의 도를 닦아야 한다.

나는 그림 그리는 일이 도 닦는 일이라고 믿었다. 어찌 그림 그리는 일만이 도 닦는 일이겠는가. 무슨 일을 하든지 진정성만 있다면 도 닦는 일이 되겠지만 그림을 공부하기 시작하면서부터 그림 그리는 일이 내게는 도 닦는 일이 되었다. '나'에 대한 기대를 버리려고 노력하며 마음에 들지 않는 그림이 그려져도 화내지 않는 훈련을 했다. 언젠가는 되겠지, 라는 생각도 하지 않으려 했다. 그저 그림 그리는 행위를 즐기려 했을 뿐이다.

그림을 그리면서 마음이 훨씬 편해졌다. 그리고 낙관주의자가 되었다. 화필을 잡는 일은 확실히 효력을 발휘했나 보다.

수묵그림의 골법용필이야말로 오랜 세월 연습만이 닿을 수 있는 피안일 테고 자괴감을 극복하는 것이 그림으로부터 자유로워지는 길이다. 끝끝내 자유로울 수는 없겠지만, 그 속에서 얻는 자유가 의미로운 것이다.

중국의 남제 때 사람인 사혁은 『고화품록』에서 그림의 품격을 정하는 최고의 조건은 기운생동의 경지라고 하였다. 사생이 아무리 잘 되었다 해도 기운을 품고 있지 않거나 채색이 좋다 해도 골필법을 잃으면 그림이라고 할 수 없다는 것이다. 사생이나 색채는 예비적 조건에 불과할 뿐, 진정한 그림은 천지간의 신운을 포착하는 일, 즉 형상이나 색채의 대상세계가 아니라 기운, 신운을 포착하는 일이라는 것이다. 그러므로 수묵그림은 속성상 강한 추상성을 지닌다.

오욕에 사로잡혀 헐떡대는 속인이 신의 영역이라는 기운생동의 경지를 득하기엔 멀디멀지라도 그저 물처럼 무심하고 담담한 마음으로 전통기법과 사생에 몰두하다 보면 형상을 뛰어넘는 그림을 그릴 수도 있겠고 더러는 몰아의 상태로 접어들 수도 있을 것이다.

열정 · 67×93cm

잘해보겠다는 욕심마저 버려야 한다. 버리려고 한다. 그저 붓 가는 대로 그려나가다 보면 마음이 아니라 몸이 먼저 말하기 시작한다. 머리가 아닌, 손이 기억하기 때문이다. 해서 머리가 아닌, 손으로 먼저 궁리해야 한다. 몰아지경으로 접어들면 머리보다 몸이 먼저 황홀경을 경험하기 시작한다. 가슴이 뜨거워지기 시작한다. 입술을 깨물기도 하고 앙다물어 안간힘을 쓰기도 한다. 전신의 힘과 마음을 모조리 쏟아 붓는다. 때로는 미친 듯 격렬하게, 때로는 정숙하게, 혹은 미니멀하게.

나를 버린다.

나는 이미 내 안에 존재하지 않는다. 그리하여 몸이 기억하는 오르가슴에 다다른다. 천형처럼 질질 끌려 다녀도 여전히 그림에 매달려 쩔쩔 매는 이유다. 내가 그림을 그리는 이유다.

몸이 먼저 알고 갈망하는 오르가슴에 이르고 싶은 본능 때문에 나는 그림을 그린다.

세상을 향하여 닫아 놓았던 문을 열어젖힌다. 그리고 세상을 향해 화해의 손을 내민다.

다른 시선으로

성가신 사람이 있었다. 그는 정신적으로, 경제적으로, 육체적으로 나를 힘들게 하지만 나의 처지로는 그를 버릴 수도, 모른 체할 수도 없었다.

물론 그가 의식적으로 나를 괴롭히려든 건 아니겠지만 그의 존재 그 자체만으로도 나에겐 힘에 부쳤다. 그는 말로, 행동으로 나를 수시로 경악게 했다. 십년도 훨씬 넘게 시달린 나는 그에게 별로 너그럽지 못했다. 너그럽지 못할 뿐 아니라 어쩌면 그를 경멸했다고 할 수도 있을 것이다. 그를 경멸하면서도 응징하지는 못했다. 어쩌면 그를 동정했을 것이다. 왜냐하면 그는 비록 아름답거나 현명하지는 않지만 악하지도 않았기 때문이다. 어쨌든 나는 어떻게 하면 그를 모른 체할 수 있을까, 그를 잊고 지낼 수 있을까, 생각하고 또 생각했지만 대책이 없었다. 물론 모른 체하자 해도 맘이 편하지 않았다. 내 맘이

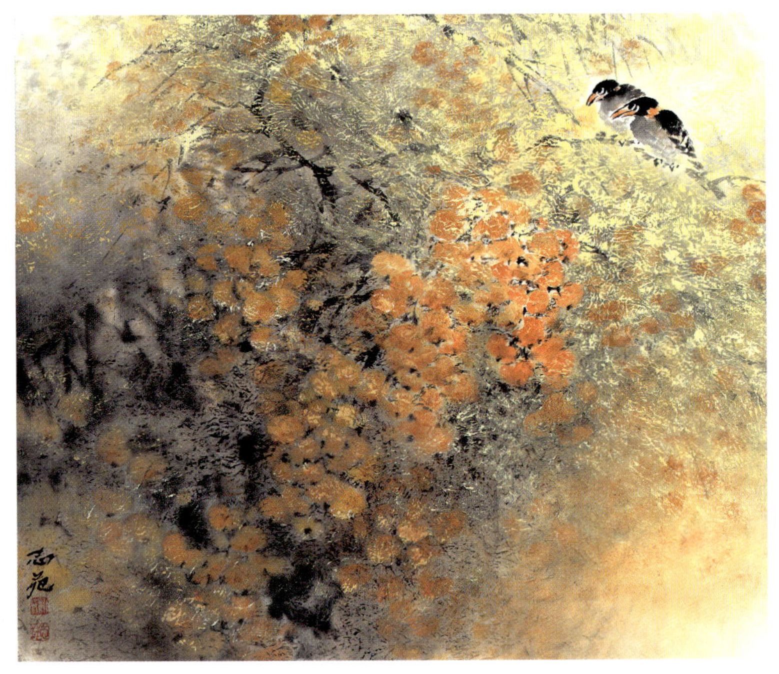

觀照 · 54×45cm

괴로우면 나만 손해나는 짓이라며 생각해낸 게 고작 그에게서 굳이 좋다는 소리를 들으려고 애쓸 것 없다는 것이었다. 그렇게 마음먹으니 아닌게 아니라 그가 툭하면 내 악담을 일삼아도 별로 신경쓰이지 않았다.

그러다가 어느 날, 그의 천진한 횡포에 "아이고, 하나님 맙소사! 내가 나이고 싶어서 나인 것도 아니고 그가 그이고 싶어서 그가 된 것도 아닐 터, 나를 그가 아닌 나로 만들어 주셔서 정말, 정말 감사합니다"라는 탄식이 절로 나왔다. 엉겁결에 입 밖으로 내놓은 그 말을 곰곰 생각해 보니 만약 내가 그로 살아가야 한다면 정말 끔찍한 노릇이다. 차라리 내가 나인 채로 그에게 내가 가진 것들을 나눠주면서 지금의 나로 살아가는 게, 그로 살면서 내 도움이나 받는 것보다 얼마나 좋은 일인가를 깨닫기 시작했다. 물론 나도 내 자신 전부 다 맘에 드는 건 아니다. 지독한 자기애도 아니다. 단지 받는 것보다 주는 게 한결 고급일 것 같을 뿐이다. 나는 고급이 좋고 고급으로 살고 싶다. 한 걸음 더 나아가 내가 나라는 인식만 안 한다면 대체 괴로울 일도 슬플 일도 또한 즐거울 일도 책임질 일도 없어질 것 같다. 나를 이 세상에 내보낸 조물주의 계획대로 순종하며 살다가 가면 그만인 터다. 그렇게 자위하고 나니 그를 대하기가 훨씬 수월해졌고 그가 안쓰러워지기까지 했다.

평생 내 곁에서 나를 성가시게 할 것 같던 사람이 어느 날 갑자기 간다 온다 말 한 마디 없이 떠나가 버렸다. 앓던 이 빠진 것처럼 나는 무사태평해졌다. 사람의 마음은 간사해서 언제 속 썩였냐는 듯 나는 그를 깡그리 잊어버리고, 그러나 여전히 또 다른 사람 때문에 상처받고 힘들어하면서 지내왔다. 아무도 그에 대한 얘기를 꺼내지 않았고 내 무의식에서조차 그는 존재하지 않았다. 그런데 언제부터인가 마치 비가 오려고 하면 삭신이 쑤시는 것처럼 그의 생각이 불쑥불쑥 떠올라 해묵은 상처처럼 속살을 헤집고 올라와 욱신거린다.

어디서 어떻게 지내는지, 고생은 안하는지, 그가 좀 제발 잘 살았으면 싶다. 이제와 생각하니 내가 그 때문에 힘들었던 것처럼 그도 나 때문에 쉽지 않았을 것이다는 생각을 한다. 그때엔 어리석게도 내 시각만 옳고 그의 입장은 거들떠보지도 않았다. 그러나 이제와 무엇을 어떻게 해볼 수 있으랴. 다만 지금이라도 그가 고생스럽지 않게, 외롭지 않게, 좀 신중하게 살았으면 싶을 뿐.

어느 날 갑자기 사라져버린 것처럼 느닷없이 그가 술에 취해서 전화를 했다. 통화하는 내내 원망을 하다가, 포악 하다가, 보고 싶다고 하다가 다른 사람을 욕하다가 전화를 끊었다. 옆에서 "그냥 끊어버리지, 무슨 말 같지도 않은 말에 일일이 대꾸를 하냐."고 했다.

"매일 그 모양으로 사는 사람도 있는데 잠깐 들어줘서 위로가 된다면 그것도 못해 주냐."고 했다.

잘 좀 살라고 빌었는데. 원망이 많은 걸 보니 살기가 힘든가 보다. 잊어버릴 만하면 전화를 걸어 말도 안 되는 원망에 하소연을 하더니만 요샌 통 전화가 없다. 살기가 좀 나아졌는지, 아니면 내가 자기 편이 아니라고 간주해 버렸는지.

어떻든 대수랴. 그가 나에게 전화 안하고도 살만 하다면야.

이 찬란한 꿈을

그해 가을은 유난히 쓸쓸했다.

유난히 쓸쓸하다고 느꼈던 건 마음이 허하거나, 누구에게도 털어놓지 못할 걱정거리를 품고 있기 때문이었을 것이다. 언제라도 내게 위로가 되어줄 수 있을 거라고 믿었던 친구가 먼 곳에 머물러 내게 방관자 같았으므로 더욱 외로웠는지 모른다.

11월 초순에서 하순경으로 넘어가는 한강변은 밝은 오렌지색에서 짙은 갈색으로 조금씩 변해갔다. 햇살은 한 뼘씩 엷어져 가고 쌀쌀한 바람에 파르르 떨고 있던 미루나무 잎은 날마다 몇 잎씩 떨어져 땅에 뒹굴었다.

나는 갤러리에 혼자 앉아 글을 쓰거나 책을 읽다가 문득 눈을 들어 바깥 풍경을 바라보기도 했다. 뜰에는 야생화가 지천으로 있건만 갈색의 풀더미 속에 겨우 숨어있는 꼴이다. 봄, 여름 내내 화사한 꽃을 피우고는 시들어 겸손히 자리만 표시하고 있다. 오직 내년 봄을 기약한다는 듯이.

갤러리 관장은 "내년 봄에 하라니까 이렇게 별 볼 것 없을 때에 해요?"라며 괜히 미안해했다. 그러나 별 볼 것이 없는 그때, 그곳이 내 마음 같아서 마음 편히 쓸쓸해 할 수가 있었다. 아무리 쓸쓸한 풍경이지만 그 풍경을 즐기려 사람들이 도시 냄새를 풍기며 찾아왔다. 그들은 넓은 뜰 사이로 난 유선형 흙길을 천천히 거닐다가 아늑한 카페에 앉아 오랫동안 이야기를 나누며 점심을 먹었다. 갤러리에 들러 그림을 보며 어쩌다 내게 이것저것 질문을 하기도 하고, 민망할 정도로 아주 천천히 그림을 보기도 했지만 어차피 바람이나 쐬러 나온 참이어서인지 서두르는 사람은 별로 없었다. 그들은 한 손에 전시책자를 들고 다시 일상으로 돌아갔다.

나는 혼자서 카페에서 점심을 먹은 후 미루나무 쪽으로 걸어가 강변에 산책 나온 사람들을 바라보았다. 때로 바람 부는 테라스에 앉아 뜨겁고 향 좋은 커피를 마시며 서쪽으로 기우는 해를 바라보기도 했다.

커피향이 기분 좋게 코끝을 감싸고돌았다. 원두커피는 11월이 가장 향기롭다. 나날이 어두워가는 바람의 색깔이 커피의 향을 키우고 있기 때문일 것이다.

햇빛이 강물에 잘게 부서져 내렸다. 미루나무의 가는 줄기 사이로 강물은 마치 무덤가에 무성히 돋아난 풀처럼 덧없는 희망으로 강렬하게 반짝거렸다. 불빛에 비치는 크리스털처럼 반짝거리는 강물 위에 몇 마리 철새들의 삶이 있었다.

하늘은 진홍빛, 연노랑과 회청색, 회갈색으로 변해가다가 수평으로 문을 닫았다. 하늘이 문을 닫으면 나도 갤러리 문을 닫았다. 강 너머로 사람의 집들이 불을 밝혔다.

어느 날 종일 가을비가 뿌렸다. 미루나무 잎사귀가 거의 다 떨어져

이 찬란한 꿈을 · 63×52cm

버리고 퇴락한 잎은 진땅에 뒹굴어 흙 묻은 얼굴로 바람에 굴러다녔다. 가을은 이렇게 깊어가고 개인전의 마지막날이 왔다.

막 이순을 넘긴 듯한 부인이 철에 맞지 않게 털 머플러로 얼굴을 둘둘 감아 가린 채 전시장에 들어섰다. 그 부인은 한 시간이 넘게 아주 천천히, 아주 꼼꼼히 그림을 꿰뚫듯 보고 또 보았다. 마치 시험관 앞에서 검사를 받는 듯 나의 등에서 한 줄기 진땀이 흘렀다. 잠시 바깥에 나갔다 들어오니 그때까지도 그 부인은 전시장에서 그림을 보고 있었다. 감기 기운 때문에 누워있는데 전남에 사는 친구에게서 전시회에 관한 전화가 왔단다. 서너 점의 작품이 아주 맘에 든다며 부인의 견해를 말했다. 그림을 전공하지도 않은, 살림만 하고 살았다는 부인은 심미안을 지니고 있는 듯했다. 누군가에게 나의 세계를 이해받는 것처럼 위로가 되는 게 또 있을까. 신병을 치료하기 위해 공기 좋고 물 맑은 곳으로 이사를 했다고 하면서 그림을 걸어놓고 보면 병이 나을 것 같다며 그림에서 희망을 보았노라고 했다.

아픔을 치유해 줄 수 있는 그림이라.

이 그림을 그리며 나는 아픔을 치유할 수 있었던가?

나는 그림을 그리면서 충분히 위로받고 행복했으므로 완성된 그림을 보는 사람이 행복하기를 바랐다. 내 그림 한 점을 세상의 단 한 사람만이라도 좋아해주면 된다는 생각이 증명되고 있었다.

무얼 더 바라랴. 내 그림을 걸어놓으면 신병이 나을 거라는 희망이 생겼다는 그 부인의 말에 그냥이라도 선물하고 싶었다.

비록 희망이 무덤가에 무성히 돋아나는 잡풀 같은 것일지라도 역광에 반짝거리는 강물의 비늘처럼 우리를 설레게 하고 우리를 버티게 한다. 희망이 우리를 덧없는 환상에 사로잡히게 할지라도 우리는 희망을 버릴 수 없다.

쓸쓸하기 짝없는 가을날, 한강변의 풍경이 나에게 한 희망이 되었듯이, 진실로 나의 그 그림이 부인에게 치유의 희망이 되고 있기를.

화가에게서 떠난 그림은 이미 화가의 것이 아니다.

2부

문득 은빛의 그림을 그리고 싶다.

독이 닿으면 색이 변해 사람의 목숨을 구하는 은수저처럼 마음을 구원하는 그림을 그리고 싶다. 오래 묵을수록 약삭스럽지 않아 묵직하고, 질리지 않고 세월의 더께가 아름다운 은가락지 같은 그림을 그리고 싶다. 은의 광택처럼 은은하고 따스한 그림을 그리고 싶다.

별로 섭섭치는 않게

저물녘 연지에 갔다.

한여름 찌는 더위에도 화사함을 유감없이 뽐내던 향 좋은 연꽃들은 스러져 자취도 없고 방죽의 물이 줄어들어 탁하다. 연잎은 고장나 함부로 내다버린 우산처럼 물속에 거꾸로 처박히거나 바삭 말라 공중에 매달려 있다.

연지는 역설적이게도 이때의 그림이 가장 좋다.

이미 물을 빨아들이는 힘을 잃어버린 연 줄기의 구성이 '모던'하다. 연꽃이 한창일 때보다 이렇게 말라버린 연을 보는 일이 좋다. 제멋대로 오그라든 연잎과 줄기의 형태와 질감, 갈색으로 얼룩진 퇴색이 편안하다.

연꽃이 만발할 때면 사람들이 몰려와 북새통을 이루는 것이 정신사납고, 눈을 찌르는 듯한 햇살에 비치는 꽃이 마치 실핏줄이 비치는

다시 고개를 · 79×59.5cm

아기 속살처럼 투명하고 너무도 화사해서, 기름기 많은 음식을 먹은 후처럼 느끼해지기까지 하는 것이다. 때로는 열정과 고뇌가 뒤섞여 혼돈스럽고 수시로 흔들렸던, 그래서 안정되지 못하고 까닥하면 부서질 것 같았던 20대의 기억을 떠올리며 산란해지기도 한다.

사진을 몇 장 찍고 스케치를 한다.

마른 연줄기에 바람이 한 줌 지나갔다. 마른 잎이 약간 흔들린다. 그래. 이 나이에도 미혹하기 십상이지. 아무리 할 일 다하고 거름으로 썩을 일만 남았다 해도 때로는 어찌 한줌 바람에 혹하지 않을 수

응답 · 45.3×34.2cm

있으랴. 혹할 수 있어서 살아있음이 축복이다.

나는 기독교인이지만 환생을 믿고 싶어한다. 고백건대, 나는 이단이다. 어쩌면 먼 조상의 골수에 박힌 환생에 대한 믿음이 피내림으로 나에게 전해 내려왔는지 모른다. 불교가 처음으로 이 땅에 들어왔을 때 산신각이 절의 가장 높은 곳에 세워져 민중의 마음에 친밀감을 심어 토착화한 것처럼, 기독교도 내 마음에는 환생설과 화합하여 안착했나 보다. 나는 환생을 믿고 싶다. 다시 한 번 태어나 이생에서 잘못 살았던 삶을 고쳐, 잘 살아 볼 수 있다면, 정말로 다시 한 번 잘 살아 볼 수 있다면 그 아니 신나는 일인가. 정말이지 하고 싶은 일이 얼마나 많은가. 죽었던 연이 해마다 다시 살아나듯 나도 그렇게 거듭나고 싶은 것이다.

학문적 깊이와 인생에 대한 혜안을 갖도록 노력할 것이고 후회 없이 사랑할 것이다. 무엇보다 좋은 그림을 그리고 싶고 감동과 유머가 있는 글을 쓰고 싶다. 그리고 후배들을 잘 이끌어 주고 싶다.

다시 한 번 피고 싶은 꽃으로 활짝 피고 싶다.

섭섭하게,
그러나
아조 섭섭지는 말고
좀 섭섭한 듯만 하게,

이별이게,

그러나

아주 영 이별은 말고

어디 내생에서라도

다시 만나기로 하는 이별이게,

– 서정주의 「연꽃 만나고 가는 바람같이」 중에서

어디 내생에서라도 다시 만나기로 하는 이별이면 참을 만하겠거니. 내생을 믿으면 이별을 하는 일이 별로 섭섭치는 않을 것 같기도 하다. 좀 섭섭한 듯할지는 모르지만.

별로 섭섭치는 않게 · 45.5×54cm

손으로 궁리하라

성인이 되자, 부모에게 용돈을 타 쓰는 일이 죽기보다 싫었다. 마치 기생충처럼 느껴졌으므로.

대학을 졸업하고부터 돈을 벌어야겠다고 마음먹었지만 딱 맞게 할 수 있는 일을 찾지 못했다. 취직하기도 쉽지 않고 재미있게 돈을 벌 수 있는 일이 없어서였다.

결혼하면서부터 적어도 내가 쓰는 용돈은 스스로 해결하기로 결심했다. 남편의 기생충이 되기 싫으니까. 또 경제적 예속이 정신적 예속을 조장할 것 같으므로 나는 남편으로부터 독립된 정신세계를 갖고 싶었다.

나는 사서 고생을 하기로 했다.

좋아하는 일을 하며 돈을 버는 일은 육체노동밖에는 없었다.

그림공부를 하는 데 드는 돈과 품위유지비를 합쳐 얼마간의 돈을

산 속에 집 · 37×22.3cm

벌어야 했다.

꽃꽂이 강사 노릇에 칠보공예, 그리고 외국으로 낙관도 없이 나가는 싸구려 그림 그리는 일을 했다. 그런 일들을 하면서 내가 극복해야 할 가장 큰 문제는 딱 필요한 돈 만큼만 버는 일이었다. 때로 일이 잘 되면 돈 욕심이 나서 그림공부고 뭐고 조금이라도 더 연장해서 그 일을 하고 싶었다. 하지만 딱 필요한 돈만 생기면 그 일을 칼같이 그만 뒀다. 돈보다 더 귀한 건 '시간'이므로 나는 시간을 벌어야 했다.

그때의 육체노동은 내게 잠들 수 없을 만큼 지독한 어깨통증을 안겨줬다. 얼마나 통증이 지독한지. 이런 일을 입 밖으로 낸 적이 없는 내게 남편은 자기가 공부시켜 지금의 나를 만들어놨다고 큰소리친다. 나는 암말 아니하고 빙긋이 웃고만 있다.

더러더러 작품이 팔리기 시작했다. 그러나 나는 여전히 고생을 사서 한다.

화실을 열고, 문하생들에게 그림의 기초와 여러 화법을 가르친다. 내가 쓰는 최소경비는 그들이 부담하므로 나는 돈 걱정이 없다. 그러므로 나는 그들이 고맙다. 고마워서 아주 잘 알려주려고 무지하게 노력한다. 그런데 그들은 그 점을 잘 모르는 것 같다. 알려주는 걸 잘 믿지 않으려 하니까.

그들은 그저 궁리가 많다. 선을 어떻게 써야 할지, 먹색은 어떻게 풀어내야 할지, 붓은 뉘어야 할지 세워야 할지, 구도는 어떻게 해야 할지, 노상 궁리한다.

나는 말해 준다. 머리로 궁리하는 대신 손으로 궁리하라고. 눈으로 보던 감각을 손으로 보라고. 가만히 앉아서 영감이 떠오를 때를 기다

안개가 걷히다 · 69×35.2cm

린다면 아마도 죽을 때까지 아무것도 이루지 못할 거라고. 손으로 그리다 보면 저절로 화리畵理가 터질 때가 오고 화가의 영감 또한 손으로 그리다가 우연히, 아니면 저절로 떠오르게 되는 것이라고.

어떤 목적이나 의도를 갖지 말아야 할 일이다. 그림을 그리는 동안 자연스럽게 변화를 체득해 나간다면 그 시점의 그림 그리는 이의 생각과 삶이 드러나는 그림을 그리게 될 것이다. 결코 의도하거나 어떤 목적 없이 그저 그 순간의 느낌대로 그려나가노라면 화가의 모든 게 자연스레 드러날 것이다. 그러한 작업이 바로 작가의 생각이며 작가의 삶이 된다. 삶이나 생각은 변하므로 부지런히 그려야 한다. 손을 늘 움직여 쉬지 않고 그리다 보면 원하는 작품을 얻게 될 수도 있는 것이다.

紅梅 · 32×122.5cm

紅梅

꿈을 꿀 수 있는 時節에
꿈을 꾸었던가.

많은 사람들 속에서
오래 전에 놓쳐버린 너를
보았을 때에야
비로소 색 바랜 사랑인 줄 알았더니

이른 봄
노을이 비켜간 하늘에
초롱한 별이 되어
달려 있었구나.

수련

浮遊 · 55.5×50.5cm

한가한 일요일 오후, 뜻밖에 수련이 피어 있는 아주 조그만 연못을 지나갔다.

잔영이 남아 눈을 어지럽힌다. 되돌아 수련 앞에 섰다. 수련은 밝은 햇빛에 비쳐 마치 아기 속살처럼 투명하고 환하다. 내 맘조차 환해진다.

수련 곁, 연못가 바위에 앉았다. 잔잔한 바람이 물이랑을 만든다. 수련이 파르르 떨었다. 수련은 밝은 노랑, 분홍, 진분홍이 어울려 군데군데 자리를 잡고 의젓하다. 요모조모로 꽃마다 조금씩 다른 모양새가 아무리 들여다봐도 제각각 아름답다.

마치 물위에 떠 있는 것처럼 보이지만 이 꽃들은 물속 깊은 곳에 단단히 뿌리를 내리고 있을 것이다. 단단히.

며칠 전 출사표를 던진 후배와 나눈 말이 떠올랐다.

"선생님, 이 더러운 진흙땅에 꼭 발을 디뎌야 하나요? 안할 수 있으면 안하고 싶어요."

"진흙땅 아닌 데가 어딘데? 사람 사는 데가 다 진흙땅이지."

나는 무책임하게, 그러나 단호하게 대답했다.

"조금이라도 깨끗한 곳에서 살고 싶으면 발을 빼지 말고 더욱더 더러운 곳으로 들어가야지. 연꽃이 하늘을 향해 그 예쁜 얼굴을 들고 살랑거리지만 그 뿌리는 더러운 진흙땅에 묻고 있잖아. 게다가 연은 더러운 물을 정화시키는 역할도 맡아 하잖아. 연을 더욱 귀히 여기는 까닭이지. 남보다 더 더러운 곳에 서 있어야 그 물을 정화시킬 수 있지. 깨끗한 땅에서 무얼 어떻게 할 수 있겠어."

후배가 속으로 중얼거리는 말을 짐작할 수 있었다. '말은 쉽지, 그렇게 간단하다면 선배가 하지 그래요.'라고.

얼마 동안 그 말을 되새긴 후배는 우리가 딛고 있는 땅을 좀 더 쾌적한 땅으로 만들겠다고, 진창에 발이 빠지는 걸 개의치 않겠노라고 했다.

수련 위로 비가 내렸다.

제법 세찬 비에도 수련은 연약한 꽃잎을 파들거리며 고스란히 빗줄기를 받아내고 있다. 출렁이며 한 걸음 뒤로 물러나 비를 맞아들인다. 그래서 수련 위에 아무리 굵고 세찬 빗줄기가 쏟아져도 수련 꽃잎은 구멍이 나거나 상하지 않는다.

해가 뜨면 뜨는 대로 비가 오면 오는 대로 수련은 여전히 부유浮游하는 모습으로 환하다.

은수저를 닦는다

은수저를 닦는다.

수저를 모조리 내놓고 광택제와 가제수건을 꺼내놓고 방바닥에 두 다리를 벌리고 앉아 숟가락를 잡고 광택제를 묻혀 묵은 때를 벗겨낸다. 몇 번 문지르지도 않아 은 숟가락은 은은한 광택을 발하며 뽀얗게 반짝인다. 내친김에 은으로 된 액세서리를 닦기 시작했다. 은의 은은한 광택과 우유빛 하얀 색깔이 좋아 나는 은세공품을 즐겨 애용한다.

크리스털이나 다이아몬드처럼 반짝거리는 보석보다는 무광 유색 돌이 좋다. 커팅이 잘 되고 빛이 좋은 보석은 밖으로 빛을 뿜어낸다. 그것들은 언제나 새 것처럼 나이를 먹지 않는다. 그래서 묵은 맛이 없다. 언뜻 화려하고 아름답지만 오래 보면 질리고 눈이 부셔 마음이 편하질 않다.

연푸른 비취나 옥, 무늬가 있는 짙푸른 색의 라피즈라즐리 같은 돌은 광채가 나지 않는다. 화려하거나 비싸 보이지 않지만 제 고유의 일정하지 않은 색감과 은은한 광택을 스스로 감싸 안으며 나이를 먹는다. 고상함과 품위를 잃지 않아 오래오래 가까이 두고 봐도 질리지 않는다.

내가 가진 액세서리는 대부분 손으로 만든 은 제품에 무광 유색돌이 박혀 있거나 은을 망치나 끌로 두드려 만든 가락지나 팔찌나 귀걸이다. 유색돌은 밖으로 뿜어내는 차가운 빛의 백금보다 따스한 빛의 은과 더 잘 어울린다.

결혼할 때 어머니는 은수저 두 벌을 혼수품에 넣어주셨다. 은은 몸에 해로운 불순물이 닿으면 색이 변하므로 식중독 예방이 될 수 있다며 귀찮아도 꼭 은수저를 사용하라고 하셨다. 은수저를 쓰다가 닦기 싫어지면 들여놓고 나무수저를 썼다. 은이나 나무제품은 둘 다 즐겨 사용하는 것들이다.

은은 세월의 무게를 지닌다. 사용하지 않더라도 세월의 더께를 입는다. 독이 닿으면 제 스스로 변하여 위험을 감지하게 한다. 옛 어른들은 은가락지와 은비녀, 은장도를 수호신처럼 몸에 지녀 몸과 마음을 지켰다.

화실에 간다.

외출복을 갈아입고 옷에 맞춰 실버스톤을 은으로 감싼 목걸이를 하고 나와 같이 나이를 먹어가는, 이제는 골동품이 된 은팔찌와 은가락지를 꼈다.

문득 은빛의 그림을 그리고 싶다.

독이 닿으면 색이 변해 사람의 목숨을 구하는 은수저처럼 마음을 구원하는 그림을 그리고 싶다. 오래 묵을수록 약삭스럽지 않아 묵직

雲霧 · 60×20cm

하고, 질리지 않고 세월의 더께가 아름다운 은가락지 같은 그림을 그리고 싶다. 은의 광택처럼 은은하고 따스한 그림을 그리고 싶다.

어깨의 힘을 빼라

스케이트를 처음 배울 때, 칼날 위에 몸을 얹고 얼음판에 발을 떼려니 넘어질까 봐 어찌나 두려운지 저절로 전신에 힘이 들어가 뻣뻣한 자세와 엉거주춤한 모양새가 가관이었다. 코치가 힘을 빼라고 아무리 잔소리를 해도 몸이 말을 듣지 않았다.

본능적으로 몸의 중심을 잘 잡는 어린이도 아닌 중년의 몸에 순발력이 있을 리 만무하다. 어찌어찌 조금씩 밀고 다닐 수 있게 되면서는 몸이 속도를 견디지 못해 겁이 나 괜히 비칠거렸다. 나는 이길 수 있을 만큼만 스케이트 칼날을 밀고 다녔고 사람들은 "잠자리 잡으러 가냐?"고 놀려댔다.

몸이란 시간이 가면 적응하게 마련인가 보다. 몇 달이 흐르자 제법 유연하게 밀고 다닐 뿐 아니라 천천히 주행하는 사람의 뒤도 살살 따라 다닐 정도로 실력이 늘었고 제법 운동효과도 얻을 수 있게 되었다. 몸도 처음보다 훨씬 유연해졌다. 어깨의 힘을 빼려고 해도 안 되던 게, 나도 모르는 사이에 저절로 힘이 빠진 것이다. 꾸준한 연습의 결과일 것이다.

문화센터의 한국화 강좌를 수강하는 회원들은 대부분 붓 한 번 잡아보지 않은 사람들이다. 붓 잡는 방법을 가르치고선 화선지에 선 치는 연습부터 시키는데 첫 번째로 어깨의 힘을 빼라고 주문한다. 그러나 긴장한 탓인지, 여간해서 힘이 빠지지 않는다. 선생은 잔소리하듯 끊임없이 힘을 빼라고 반복할 수밖에 없다. 유연하지 않으면 붓질이 제대로 되지 않기 때문이다. 회원의 붓 잡은 손을 함께 잡고 붓질을 해주려 하면 으레 힘이 잔뜩 들어가 있다.

운동이든 예술이든 몸으로 하는 일은 일단 어깨에 들어간 힘이 빠져야 한다. 무용도 유연한 몸매와 춤사위를 구사하려면 어깨에 힘이 빠져야 하고 악기도 힘이 들어가면 좋은 소리가 나지 않는다.

어찌 운동이나 예술만이 어깨에서 힘을 빼야 하겠는가. 대인관계도 일방적으로 한쪽에서 어깨에 힘이 들어가고서는 원만한 교류를 할 수 없을 것이다. 그렇다고 양방에서 힘을 주면 가식적인 껍데기 같은 관계밖에 형성하지 못할 것이다.

인간관계든 사회생활이든 사고방식이든 경직되지 말고 유연해야 모든 게 원만하게 이루어질 것이다.

초보 때나 애송이 시절엔 누구나 어깨에 힘을 빼지 못한다. 초보운

전 때 그저 앞만 바라보고 잔뜩 긴장해서 어깨에 힘을 꽉 주고 운전하던 기억이 난다. 그러다가 시간이 지남에 따라 운전대를 잡은 어깨에서 점점 힘이 빠지고 몸은 긴장하지 않는다. 손은 운전대를 부드럽게 잡고, 눈은 여유롭게 사방을 본다. 귀로 음악을 들으며 생각을 자유로이 넘나들게 하며 대화도 한다.

문화센터의 초보회원도 이삼 년만 정진하게 되면 제법 유연한 붓질을 구사하게 된다. 당연히 힘 빼라는 주문은 필요 없게 된다.

그런데 초보자가 아님에도 어깨에 힘을 팍팍 주고 다니는 사람을 드물지 않게 본다. 어깨에 힘을 주다 못해 목까지 뻣뻣하다. 자신이 없어 저절로 힘을 주게 되는 애송이와는 달리 그들은 일부러 힘을 준다. 대체 무얼 과시하고 싶어설까? 아니면 무엇인가 자신감이 없어 일부러 힘을 주는 걸까? 몸이 그렇게 뻣뻣하면 되게 부자연스럽고 불편할 텐데.

몸도 마음도 뻣뻣하면 아름답지 못하다. 일부러 뻣뻣한 사람들은 자기 자신들이 아름답지 못하다는 걸 알기나 하는 걸까? 더구나 자기 분야에서 능숙한 사람들이 힘을 주는 건 더욱 더 꼴불견이다.

전문분야의 실력자가 된 이후에 어깨에 다시 힘을 주는 건 제 스스로 외로움의 함정을 파는 일이다. 따돌림 받고 싶으면 힘주고 다닐 일이다. 찬바람이 도는 곳에서 살게 될 것이다.

유연해야만 아름답다.

겸손하면 유연하다.

힘을 빼면 그림에서도 거친 힘이 빠질 것이다.

좋은 그림을 그리고 싶으면 어깨의 힘을 빼려고 연습해라.

외롭지 않은 말년을 누리고 싶으면, 어깨의 힘을 빼라.

始原 · 43.7×60cm

하나의 풀잎

하나의 풀잎이
또 다른 하나의 풀잎에
제 몸을 부비며
바람을 일으켜 세우듯
모든 살아있는 것들은
제 스스로
아름다움을 만든다.

바람에 흔들리는 풀잎은 몸이 가볍다.
제 몸이 가벼운 것들은 다른 것들과 몸을 부비며 산다.
모여 있는 것들은 외롭지 않다.

외롭지 않으면 쉽게 꺾이지 않는다.

꺾이지 않고 흔들려 목숨을 지키는 풀은 질기다.

질긴 것은 강하다.

강한 것은 아름답다.

하나의 풀잎 · 53×29.5cm

춤추는 바다

마음이 스산해질 때면 갯가에 가고 싶다.

갯가엔 일몰이 가까워오는 시간에 가야 한다. 혼자 가야 좋다. 생각이 많아지기 때문이다.

지난한 삶의 거친 땅을 돌아 이제야 개펄에 닿은 지친 발걸음은 개펄의 단단한 흙을 밟으며 마침내 한가해진다.

족적을 더듬어 보니 때론 무수히 어지럽고 때로는 쓸쓸하고 더러는 애틋하다. 험산준령을 헉헉대고 겨우 넘고 나면 한숨 돌릴 새도 없이 그보다 훨씬 높고 험한 산이 가로막혀 있어 숨이 턱에 닿았던 시간들이었다.

현재는 현실이고 실존이고 해결해야 할 과제이다. 과거는 자신의 흔적이므로 그리워하고 애틋해한다. 그래서 우리는 현실을 잊으려

춤추는 바다 · 34.7×38cm

어리석게도 과거의 현실을 그리워하며 그리움을 반추하는 것인지 모른다.

텅 빈 갯가엔 개펄의 용틀임이 난무하다. 온전히 받아들여 그 어떤 색이나 냄새라도 섞였을 듯 싶은 개펄. 제멋대로 꿈틀꿈틀 물길을 내서 갯고랑을 만들고 매끄러운 곳은 매끄럽게, 또는 도도록하게 퇴적한다. 개펄은 온갖 생물과 무생물마저 품어 안는 관용의 터다.

개펄을 걸으며 두 주먹 가득 주워 담은 것들을 갯고랑에 흘려보낸다. 잠시 욕심낸 것들이여, 잘 가거라. 비로소 나는 허욕 없이 빈손이 된다. 지나온 삶의 족적을 되돌아보며, 모든 것을 품어 안을 수밖에 없는 개펄의 숙명적인 관용을 보며 나는 참으로 허허롭다.

개펄을 넘나들며 춤추는 바다. 파도는 바다의 몸짓임을 생각하며 파도가 남겨놓은 수많은 이야기들, 그 족적을 읽는다. 개펄을 걸으며, 만지며, 나는 개펄이 감당해야만 하는 개펄의 관용과 인내를 유추한다. 생명을 품고 키우는 개펄. 다 품어 안지 않으면 아무것도 키울 수 없다고 무언의 귓속말을 한다.

개펄의 무늬는 파도에 의해 그려진다. 바닷물은 개펄에 들랑거려야 한다.

개펄이 사라져간다.

살아있어 우리를 살찌우는 것들이 점점 사라져가고 우리는 삭막한 땅에서 헤매어야 한다.

아직 곰소 바닷가에선 갯비린내가 난다.

청산이 그 무릎 아래 지란芝蘭을 기르듯

울 아버지가 목숨처럼 귀하고 귀하게 키운 아버지의 막내아들이자 외아들인 남동생이 아버지 제삿날 짐짓 무덤덤하게 말했다.

“이제 내 인생은 끝났고, 내 자식들 잘 되게 하는 데에 내 인생을 바쳐야 할 것 같아.”

아버지는 넷이나 되는 딸들을 줄줄이 낳았다. 잘 먹지도 않아 빼빼 마르고 볼품없는 딸들을 어찌나 예뻐하며 물고 떠는지, 동네 아주머니들 입줄에 흉으로까지 오르내렸다 한다.

그러다가 뒤늦게 아들이 태어났다. 아들 얻기를 포기하다시피 한 막판에, 막둥이로 얻은 아들 하나가 딸 넷 합한 것보다 훨씬 잘 생기고 똑똑한 데다가 잘 먹고 건강했으니 집안의 귀여움을 독차지했음은 말할 것도 없었다. 노골적으로 표현하지는 않아서 딸들이 아버지의 아들에 대한 특별한 사랑을 눈치 채지 못했다 하더라도 아버지인들 아들에 대한 애착이 어찌 없었으랴.

겨우 3세, 시계를 정확히 볼 줄 알았고 좀 더 지나자 글자를 줄줄 읽는 바람에 우리는 동생이 수재인 것만은 확실하다고 믿었으니, 학구열이 대단한 아버지의 기쁨은 어디에도 비할 데 없을 만큼 컸을 것이다.

매일같이 학교에 가고 싶다고 졸라대던 동생은 여중 3년생이었던 나, 동생에게는 무조건 도깨비방망이였던 이 큰누나의 손에 매달려 보무도 당당하게 초등학교 운동장을 가로질러, 겁도 없이 교무실로 들어갔다. 이미 학기가 시작된 5월 말경, 초등학교 교무실에서 구두 시험을 보는데 어찌나 거침없이 대답을 잘하는지 "허 참, 이 놈 봐라, 허허 참." 하시던 교감 선생님은 그 자리에서 입학 허가를 내렸고 다음날부터 동생은 학교에 다니기 시작했다. 2학기 때부터는 반장을 도맡아 하면서도 집에 오면 책가방을 집어던지고 놀러나가기 바빴다.

동생은 다방면에 소질을 보이며 도전하기를 좋아하고 공부도 썩 잘했다. 음악과 연극, 문학에 심취했으며 외과의사가 될 때까지 아버지의 기대를 저버리지 않았다. 자기의 타고난 재능을 개발하며 인생을 즐길 줄 아는, 멋있는 성인으로 성장하였다.

그런데 자기의 인생이 끝났다니, 무덤에 계신 아버지가 벌떡 일어나실 일이다. 돌아가셨으니 망정이지, 살아계셨다면 얼마나 망연자실하실까.

아버지는 동생한테 늘 돈 없고 불쌍한 사람들을 도와야 한다고, 사람을 살리는 일처럼 숭고한 일은 없다고 가르치셨다. 그러기 위해서 의사는 정말 적당한 직업이라고, 의사 중에도 수술의사가 최고라고 기를 북돋으셨다. 아버지는 우리에게도 은근히 동생이 수술을 아주 잘한다 하더라고 자랑하였다. 어느 아버진들 자기 자식에게 안 그럴까마는 아버지는 동생한테 황당할 정도로 기대가 많았다. 아버지는 동생에게 환상을 품은 것이다.

그런 동생의 입에서 자기 인생이 끝났다는 말이 나오다니, 기가 막혔다.

병원 운영에 자신 있다고 큰소리치는 친구의 말만 믿고 종합병원을 세웠다가 어처구니 없는 이유로 실패한 후, 조그마한 시골 개인병원에서 일하고 있는 자신의 처지를 희망이 없다고 단정지어 버렸을까.

이 세상의 어느 아버지가 제 자식의 앞날을 걱정하지 않으며, 자식의 인생이 보장받을 수만 있다면 제 인생을 희생하지 못할 게 뭐겠는가. 제 인생을 반납하고서라도 자식의 인생에 목숨을 거는 게 아버지의 숙명일 게다. 하지만 겨우 불혹을 넘긴 동생이 아직도 구만리 같은 인생의 장정에서, 벌써부터 인생에 대한 기대를 접으려 하다니.

다섯 살 때였다. 죽을 것같이 아파 데굴데굴 구르는 나를 들쳐 안고 아버지는 냅다 병원으로 내달렸다. 지독한 변비 때문이라는 말을 듣고 아버지는 딸의 항문에 손가락을 집어넣어 똥을 파내 복통을 낫게 해 주셨다.

자식을 위해서라면 남의 가랑이 밑으로 기어들어갈 수도 있는 사람이 아버지이고 어머니이다. 그것이 아버지의 진정한 자존심이고 어머니의 생존이유다.

아버지의 금쪽 같은 자식의 자리에서 물러나, 어느덧 동생은 제 금쪽 같은 자식의 아버지로 살아가려 하고 있으니 이는 너무나 당연하고 당연하지만 동생의 말이 화인처럼 내 가슴에 찍혔다. 동생은 우리 아버지가 저에게 그랬듯이 금년에 명문대에 합격한 제 아들 때문에 행복하고 제 아들이 무척이나 자랑스러운 모양이다. 아무렇지도 않은 척, 은근히 자랑이다.

세월이 흐르면 제 아버지의 꿈과 사랑과 한을 먹고 자라난 내 조카도 제 아이를 기르며 아버지처럼 제 인생을 살아가겠지. 그렇게 대물림을 하며 이 세상의 아버지들은 제 아이에게 그의 아버지로부터 물려받은 '생' 을 물려주고 사라져가는 걸 게다. 사라져갈지라도 아버지의 정신은 면면히 이어져 자식의 자식에게, 또 그 자식에게로 내려가는 것이다.

세상의 아버지들은 '청산이 그 무릎 아래 지란을 기르듯 그렇게 제

새끼들을 기를 수밖에 없다.' 고 서정주는 읊었다.

그러나, 그렇더라도 금쪽 같은 우리 아버지의 아들아. 큰누나의 막내동생아. 삶을 그저 견디지 말고 살아라. 꿈 하나 가꾸어라. 자식에게 먹이고 남은 한 방울 물을 너를 위해 먹어라. 어떤 이유에서든 인생을 포기하는 것은 사는 게 아니니까.

3부

그 별은 내 마음 속에 조금씩, 그러나 강렬하게 불을 켰다. 아, 무욕의 등불이여! 등불처럼 환하게 밝아져오는 별빛을 감지하며 나는 소파에 감미롭도록 피로해진 몸을 활처럼 구부리고 깊숙이 들어앉았다. 그리고는 실눈을 뜬 채 그림 속으로 천천히 걸어 들어가기 시작했다.

청매 그리기

날빛이 참 좋다.

진달래, 조팝나무가 흐드러지더니만 이젠 산벚꽃, 오동꽃이 피기 시작한다. 참 바람 들기 좋은 날들이다. 그럼에도 불구하고 이 좋은 날들을 충분히 음미하기는커녕 며칠째 그야말로 전전긍긍하고 있다.

> 흐를 수도 없던
> 눈물방울이
> 가지마다 촘촘히 맺혀
>
> – 최영랑의 「청매」 중에서

이 눈부시도록 화사한 봄날에 '흐를 수도 없는 눈물방울' 이라니. 이 한 구절에 생각이 걸려 넘어진 꼴이다. 도무지 어떻게 해야 할지 생각하기조차 싫다.

열흘 전쯤, 안부전화 한 통도 없이 인색하게 굴던 최 시인이 느닷없이 화실로 찾아왔다. 격조했던 일을 얼버무리듯 술 한 잔으로 입을 막더니 슬그머니 시 한 편을 들이밀었다. 그림 한 점 그려내라는 것이다.

엉겁결에 눈 아래 펼쳐진 「청매」라는 시를 읽어내려 가는데 턱, 가슴이 막히는 것 같았다.

어리석은 짓을 하고 싶지 않았다. 이미 이런 일로 몇 년이 지나도록 속을 썩이고 있는 중인데 또다시 같은 짓을 되풀이하고 싶지 않다. 몇 년 전부터 나는 단 넉 줄에 불과한 「기다림」이란 시 한 편을 화제畵題로 놓고 형상화하고자 무진 애를 썼지만 지금까지도 그림으로 풀어내지 못한 쓰라린 경험을 하고 있는 것이다. 읽자마자 마음에 든 그 시를 그림으로 표현하고 싶었다. 그리하여 우선은 마음속에 시를 궁굴리며 느긋하게 시간을 흘려보냈다.

한 일 년을 보냈을까. 일 년씩이나 마음에 품어 두었으니 이제는 쉽게 붓이 풀리리라 생각했지만 실패에 실패를 거듭하고는 종당에는 포기하고 말았다. 그 시 자체로 이미 할 말을 충분히 다해서인지 그림은 아무리 해도 군더더기밖에 아니 되고 마는 것이다. 어떻게 해도 완벽한 시구를 화제로 삼아 그림을 그린다는 것은 위험천만한 발상일 뿐이다. 마치 화려한 디너파티에 라면을 곁들여 내놓는 일과 같다고나 할까.

아무튼 그처럼 속 쓰린 일을 경험한 내가 또다시 섣부른 짓을 할 리 만무하다. 최 시인은 넌지시 다시 한 번 운을 뗐다.

"안 돼!"

"왜?"

"못해! 안 하는 게 아니라…."

"그래도 해 봐…."

그쯤에서 나는 아예 입을 다물었고 얘기는 끝났다.

그런데 끝은 그냥 끝이 아니고 시작의 출발이었다.

원하지도 않은 시작은 이미 내가 잠들어 있던 시간에도 계속해서 진행되고 있었고 한 번밖에 읽지 않은 시는 며칠이 지나도록 내 머릿속을 맴돌고 있었던 것이다.

포르스름한 그리움으로
주저리 열린
도무지 용서 받을 수 없는
상채기들

포르스름한 그리움. 맞다. 그리움의 색깔은 포르스름할 거야. 그렇다면? 나는 그리움이라는 색을 내 보기로 했다. 포르스름한 색을 만들기 위해 먹물과 군청群青의 물감을 섞기 시작했다. 너무 화사하게 파래도 안되고 너무 칙칙해도 '그리움'은 아니다. 푸르스름한 색도 아니고 포르스름해야 한다. 가슴 밑바닥에 가라앉은 푸른 멍 같은 앙금… 반복해서 색을 만들고 물감을 풀고 물을 더 섞어, 버리고 다시 하기를 몇 시간, 겨우 비스름한 색이 만들어졌다.

다음은 화선지를 골라야 한다. 화제를 쓰기 좋은 종이는 너무 무르고 거친 질감을 내는 종이는 선線맛이 너무 직선적으로 강하게 마련이다. 서너 종류의 종이를 꺼내놓고 분무기로 물을 들이기 시작했다. 굵고 가는 방울이 종이 위에 멍울로 박히기 시작한다. 나는 어느새 작고 갸날픈 한 마리 새가 되어 고스란히 찬비를 맞고 있다. 용서받을 수 없는 상채기 위에 눈물방울처럼 빗방울이 얼룩져 내리고 종이가 마르는 동안에도 내 가슴은 여전히 포르스름한 그리움으로 멍울이 맺히고 있었다.

이제 붓을 잡을 시간이 되었다. 욕심을 버리고 시작하자, 그냥.

기교 없이 단순하게, 무심의 먹빛으로 두서너 개의 매화 가지를 그린 다음 서서히 청매를 피워내기 시작했다. 할 수 있는 한 설렁설렁하게, 꼭 있어야 할 자리에만 있게, 꼭 피어야 할 꽃만 피어나게…, 그러나 원하는 양보다 약간 꽃이 많이 달렸다.

청매. 호분胡粉에 푸른색을 섞는 둥 마는 둥, 찍은 듯 그린 크고 작은 점들은 어느덧 밤하늘에 초롱한 별이 되었다. 의도했던 것보다 조금 많이 그려진 꽃들은, 그러므로 별이 된 것이다. 그렇지. 멍울 같은 그리움도 나이를 먹으면 가슴 속에 별처럼 이야기로 남게 될 거야. 눈물방울, 그리움, 상채기들이 청매로 피어났다. 그리고 이것들이 한데 모여 손 닿을 수 없는 피안의 어두운 하늘가에 별이 되어 떠오른 것이다.

그 별은 내 마음 속에 조금씩, 그러나 강렬하게 불을 켰다. 아, 무욕의 등불이여! 등불처럼 환하게 밝아져오는 별빛을 감지하며 나는 소파에 감미롭도록 피로해진 몸을 활처럼 구부리고 깊숙이 들어앉았다. 그리고는 실눈을 뜬 채 그림 속으로 천천히 걸어 들어가기 시작했다.

어디선가 엷은 매향이 코끝을 살짝 스치고 지나갔다.

– 나는
너를 넘어서야만 하는
또 다른 이름의
사랑을 배우리라.

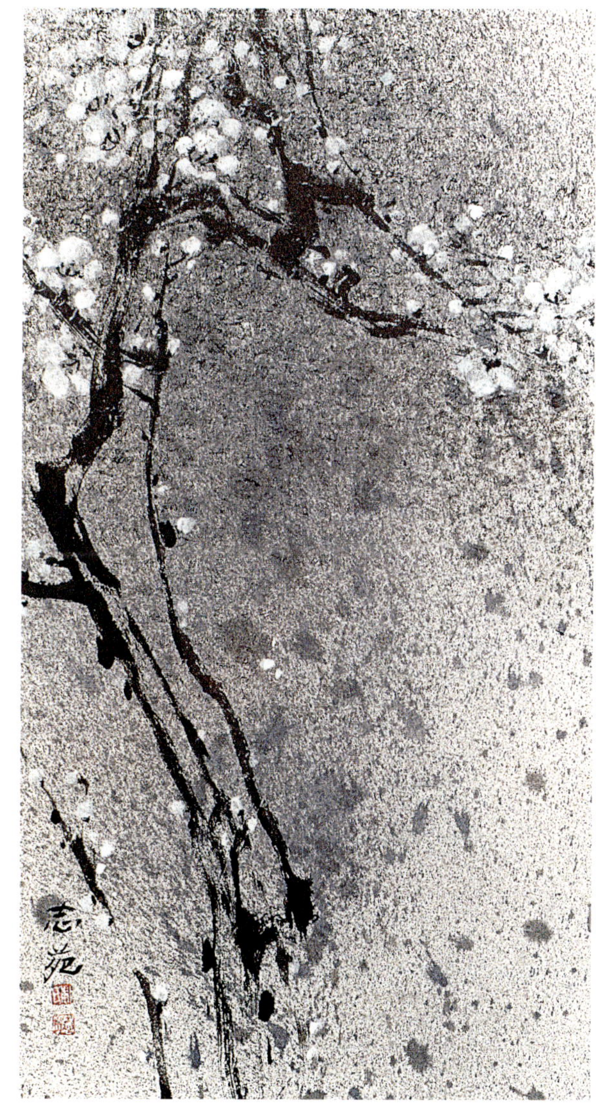

청매 · 35.5×65.5cm

자목련 · 54×44cm

자목련

덧없이
살아온 이야기를
마디 마디
옹글게 맺어 놓고
바싹 마른 베 보자기에
한 세월 아린 가슴 한 자락을
걸러내어
그 앙금으로 피워낸
중년中年의 과부寡婦 같은
꽃이여.

가을, 그 청량한 바람 같은

어슴프레한 푸른 기운이 감도는 숲속 언덕 위에 집이 한 채 있고 집을 향하여 좁은 길이 나 있다. 그 길 양쪽에 작은 나무가 잔잔한 바람을 이고 있다. 화면 전체엔 엷은 청회색 운무가 휘감아 도는 풍경이 예쁘고 아련해서 몽환적이다. 나는 마치 옛집에 온 것처럼 마음이 매우 편안해져 그 안에 있다. 계절은 어쩐지 가을인 듯싶다.

깨어나고 싶지 않은 꿈이었다.

너무도 생생해 잠자리에 누워 있던 나는 한동안 나의 상태를 이해할 수가 없었다. 익숙하고 낯익은 풍경이었다. 전생에 내가 살던 곳인가, 아니면 앞으로 내가 살게 될 곳인가. 믿거나 말거나, 나는 더러 데자뷰 현상을 경험한 적이 있다. 이를테면 봄에 꾼 꿈에 본 풍경을 여름여행에서 볼 수 있는 것처럼 말이다.

내가 딛고 있는 땅이 더러우면 더러울수록 나는 맑고 깨끗하고 경치가 좋은 곳을 꿈에 보았다. 초가을 햇살이 따스하게 내리쬐는 시골 마을의 고샅길과 탱자나무 울타리. 아무도 없어 고즈넉한 산골 오솔길. 그 꿈속에서 나는 참으로 몸과 마음이 편했다.

현실이 어두우면 어두울수록 나는 현실 불가능한 꿈을 꾸었다. 때로 나는 새가 되어 양팔을 쫙 벌리고 신나게 날아다녔다. 남해안 한려수도의 바닷속, 호화찬란한 산호 숲과 물고기 떼를 보며 정말이지 신났다.

가을, 그 청량한 바람 같은 · 44×30.5cm

꿈에서 보는 풍경들은 너무도 아름다운 색을 지니며 지친 나를 위로한다. 경치 좋은 꿈 하나를 여행하듯 꾸고 나면 한 계절을 견디고 다시 숨 막힐 것 같은 날이 되면 또 하나의 행복한 꿈을 꾼다. 꿈은 내 지난한 삶을 버티게 하는 보약이 되어 질식사를 막아 주었다.

언젠가부터 나는 꿈에 본 풍경들을 그리고 싶었다. 그리하여 「가을, 그 청량한 바람 같은」을 그렸다. 그때 그 꿈속에서 느꼈던 그 '바람' 의 느낌을 표현하고 싶었다. 그 맑고 시원하고 산들거리는 바람, 내 살결에 살랑거리며 감겨들던 그 신선한 감촉을 그리고 싶었다. 그림을 끝내고 나는 그려진 그림을 보며 어느 정도 내 의도가 성공했음을 알았다. 그리고 마치 그 꿈을 꾸었을 때처럼 기분이 좋아졌다. 며칠은 행복할 거야. 나는 그림 그리는 일이 행복하고 감사했다.

요즘은 내 자리가 위로받을 필요 없을 만치 살 만해졌는지, 질컥거려 허우적대던 진흙구덩이가 아닌지, 그토록 아름다운 꿈이 찾아들지 않는다.

아니, 내 영혼이 혼탁해져 그나마 색깔 예쁜 꿈을 꿀 수 있는 초능력이 없어졌는지 모르겠다.

초록나무가 있는 풍경

웬일인지 초등학교 4학년 때 담임선생님은 내게 이유 모를 적대감을 갖고 있는 듯했다. 그러나 나는 매우 조숙하였으므로 그런 느낌을 가졌어도, 거기에 별다른 불만을 드러내지 않았다. 전주에서 이사 온 우리 집은 갑자기 셋방살이로 전락한 연유로 해서 우울감에 젖어 있었다.

조숙했던 나는 책에 파묻혀 지냈다. 언제 어디서고 책만 보면 그 자리에 주저앉아 시간 가는 줄 모르고 읽었다. 책 속 세상으로 도피한 건지도 모른다. 학교 수업이나 친구들은 안중에도 없었다. 실제로 나는 외톨이였다.

어느 날 아침 쨍한 햇빛에 어지럼증이 생겨 조회시간에 혼자 교실에 있었다. 하필 그 날 어떤 아이가 돈을 잃어버렸다고 난리가 났다. 선생님은 우리 모두에게 눈을 감고 성냥골을 들고 있으라 하면서 돈을 훔쳐간 사람의 성냥골이 길어진다고 했다. 그러나 길어진 성냥골도 훔친 사람도 돈의 행방도 찾을 길이 없었다. 선생님은 나를 남으라고 했다.

모두들 집에 돌아가고 텅 빈 교실에서 선생님은 나에게 조용하게, 그러나 냉정한 어조로 돈을 가져갔으면 비밀은 지켜줄 테니 내놓으라고 했다.

그 때는 몰랐다. 살아가면서 굴욕감으로 몸이 떨리는 일이 한두 번이 아니리라는 걸.

갑자기 몸과 마음이 수치심으로 얼어붙어 버리는 걸 느꼈다. 나는 집에 돌아오자마자 몇 시간 동안 울다 울다 잠이 들었는데 몸이 불덩이 같아 잠을 깼다. 그 후 보름 동안이나 열이 내리지 않은 채 몹시 앓았다. 그 사건 이후 나는 더욱 더 내성적으로 변해가고 말수가 줄어들었다. 아마도 그때 사람에 대한 신뢰를 잃어버렸는지도 모른다. 등하교 길도 아이들이 다니지 않는 후미진 길로 혼자 다녔다. 신작로의 뿌연 자동차 먼지를 마시지 않아도 되는 고샅은 언덕배기에 잡목 숲이 있었고 더러 아까시 나무도 있어 어느 날 문득 하얀 꽃이 다래다래 피고는 했다.

옥희라는 애가 전학을 왔다. 그 아이도 새 학교가 서먹했는지 말이 없고 그렇다고 공부에 열심인 것 같지도 않았다. 우연히 그 아이와 나는 같은 방향에 있는 집으로 함께 돌아오면서부터 친구가 되었다.

가위 바위 보로 아까시 이파리 따기 시합을 하기도 하고 종이인형을 만들기도 하면서 우리는 날마다 붙어다녔다. 우리 집에서 놀며 숙제를 하다가 옥희네 집에 가서 인형놀이도 하면서 재잘거렸다.

개학 며칠 전 늦은 밤에 갑자기 옥희가 찾아왔다. 먼 데로 이사를 가게 되었다는 것이다. 이사 가기 전에 얼굴을 보려고 왔다며 바람같이 훌쩍 가버렸다. 실감이 나지 않아 잠을 자는 둥 마는 둥 다음날 아침 달음박질쳐 옥희네 집엘 갔더니 집이 텅 비어 있었다.

옥희는 신비스런 아이였다. 보통 우리들처럼 엄마 아빠와 한 집에 같이 사는 것 같지도 않았고 형제도 없이 달랑 옥희뿐이었다. 옥희는 늘 혼자였다. 그 애는 자기 얘기를 거의 하지 않았다. 옥희가 전학 간 후 나는 다시 외톨이가 되었다. 옥희는 잠시 나를 위로하고자 내 앞에 꿈결처럼 나타난 마법의 친구인 것같이 생각되었다. 한동안 나는 옥희가 생각나면 언덕 위 잡목 숲으로 갔다.

응백이 형이 전화를 했다.

"전시는 잘 되어가나? 나 지금 박 화백 만나러 전주 가는 길이여."

응백이 형은 화백이라고 칭하는 게 나를 올려주는 거라고 생각하나 보다. 서울서 여기가 어디라고 바쁜 사람이 일부러 온담? 그러나 기분이 되게 좋았다.

응백이 형은 대학 동기동창생이다. 군대 제대하고 복학하면 우리

여학생보다 서너 살 많지만 선배가 아니니까 선배라 부르지는 않았다. 우리 학창시절에 여학생들은 복학한 남학생을 형이라 불렀다.

전화받은 지 겨우 두세 시간 지났을까, 전시장에 형이 씩씩하게 나타났다. 형은 늘 시원시원하고 담백하다.

나를 보자마자 주머니에서 두둑한 봉투부터 꺼낸다.

"전시비용에 보태 써."

"너무 많아. 형, 정 주고 싶으면 십만 원만 줘."

형은 팔을 내젓는다. 돈 보태주려고 서울서 여기까지 왔나 보다. 그림에도 건성이다. 자기가 그림에 대해 아는 게 뭐 있냐며 "그저 네 그림이니까, 네가 그리도 목숨을 거는 그림이니까 본다."고 한다.

염색공장을 하면서 엄청나게 고생을 하다가 건축업으로 전업했는데 훨씬 재미가 좋다고 한다. 차 한 잔을, 겨우 마시고는 훌쩍 가버렸다.

형은 계산을 하지 않는다. 그저 마음이 움직이는 대로 행동할 뿐이다. 전시 마지막날 형에게 전화를 했다. 마음에 드는 걸로 골라 그림 한 점 보내마고, 걸어두고 보든지 선물하라고. "네 생각하며 잘 보마."라며 유쾌히 전화를 끊었다. 그게 마지막이었다. 그 후로 옥희처럼 형은 연락이 되질 않는다.

요즘은 형 생각이 많이 난다. 내가 지칠 때쯤 느닷없이 전화해 "맛있는 밥 사줄 테니 나와라."라던 형의 목소리가 듣고 싶다. 어디에서 무얼 하거나 힘들더라도 좌절하지 않았으면 좋겠다. 어느 날 느닷없이 나타나 맛있는 밥 사주면서 그 동안 힘들었던 상황을 무용담처럼, 자랑처럼 이야기할 수 있기를 기다린다.

옥희 때문에 어린 날을 견뎌낼 수 있었던 것처럼, 응백이 형이 자기도 모르는 새에 나에게 위로가 되었듯이 내 그림 '초록나무'가 형에게 조금이라도 위로가 될 수 있을 만큼만 힘들었으면 좋겠다.

초록나무가 있는 풍경 · 53×45cm

무채색의 꽃

단순해지고 싶다.

군더더기 모두 빼내고 원형질만 남는.

색을 걷어내고 또 걷어내면 남는 무채색 같은.

심연에 가라앉은 앙금 같은.

단순하고 담담하게.

기교를 버려라.

색을 버려라.

그저 마음의 울림대로, 붓을 가게 하라.

“무슨 꽃이지?”

“글쎄··· 그냥, 꽃.”

“목화꽃?”

아, 목화.

마음 깊은 곳에 따스한 촛불 하나가 밝혀진다.

어릴 적 이종 오빠들이랑 갔던가, 마전 천변 어딘가에 목화밭이 있었다. 꽃이랄 수도 없는 조그만 솜뭉치가, 말라서 바삭거릴 것 같은 갈색의 꽃받침 위에 마치 크리스마스트리의 눈송이 솜처럼 얹혀 있었다. 몇 송이 땄던가. 꿈결처럼 아득하다.

그때, 처음 보는 목화가 신기해 가시에 찔리는 줄도 모르고 망아지처럼 뛰어다니며 종알대던 계집아이는 어디로 가고 복잡하고 찌든 일상으로 군살이 덕지덕지 붙고 탄력을 잃은 중년이 되어버렸다.

꿈결처럼 아득한 그때가 그리워지는 건, 그때의 목화밭이 깨끗하고 맑게 느껴지는 건 천진하고 꾸밈없던 때로 돌아가고 싶어서인가. 이제 그만 구질구질하고 어지러운 것들을 걷어내야겠다.

맑고 깨끗하게, 단순해지자.
원형질만 남게.
무채색이 되게.

幻, 잃어버린 삶을 위해 촛불을 켜라 · 67×28cm

누구라도 꿈을 꾸게 마련이다

누구라도 꿈을 꾸게 마련이다.

어릴 적 신학기가 되면 선생님께서 장래 희망을 조사하는 시간이 있었다.

"선생님 되고싶은 사람 손들어…. 나이팅게일 같은 간호사가 희망인 사람은…?"

얌전한 애들은 대개 선생님, 간호사, 현모양처에 손을 들었고 간혹 어떤 아이들은 정치가나 신문기자, 과학자가 되고 싶다고 했다. 좀 유별난 아이는 대통령이 되고 싶다고 해서 아이들의 주목을 받기도 했다. 굳이 자기 행동에 책임을 질 필요는 없기 때문에 장난스럽게 적당한 항목에 손을 들면 되지만 그래도 자기가 장래에 무슨 일을 하며 살고 싶은지 잠깐이나마 생각해 보는 계기가 되기도 했다.

그때 나는 꼭 하고 싶은 게 없었다. 어찌 생각하면 하고 싶은 일이 너무나 많았기에 학년이 바뀔 때마다 꿈이 바뀔 수밖에 없었을 게다. 외교관이 되어 세계가 좁다고 돌아다니며 나라를 위해 일하고 싶거나 기자가 되고 싶기도 했다. 그러다 고등학교에 진학하면서부터 장래에 대해 진지하게 생각하게 되고 내가 무엇을 잘할 수 있는지 곰곰 따져 보기 시작했다. 하지만 나는 잘할 수 있는 일을 하는 것보다 좋아하는 일을 하는 게 훨씬 행복할 거라는 생각이 들었다. 내가 잘 할 수 있는 일을 하며 살지 않고 내가 좋아하는 일을 하며 살아야겠다고 마음먹은 건 내 인생에 스스로 감당하기 힘든 짐을 지우는 일인지 모르지만 적어도 하기 싫은 일을 하며 사는 불행한 삶은 살지 않아도 될 터였다. 그렇게 결정한 건 매우 중대한 일이었다.

남이 안 해본 일을 하고 싶었다.

그림도 그리고 싶었고 글도 쓰고 싶었다.

나는 무엇이든 만들어내며 살고 싶었다.

그러나 가난한 우리 아버지가 실용주의를 선호하였으므로 나는 감히 미술대에 가고 싶다고 말할 수가 없었다. 아버지는 내가 간호대학이나 약학대학에 들어가, 졸업 후 경제적인 독립을 하기를 원하셨다. 나는 반란을 시도하여 어느 정도 성공하였다.

그림을 그릴 수 없다면 응용미술이라도 해야겠다며 직물디자인을 전공했지만 대학원 2학기를 마치고 나는 그만둘 수밖에 없었다. 내가 하고 싶은 건 그림 그리는 일이라는 걸 알았기 때문이다. 그때까지 하던 일들을 하루아침에 버린다는 건 대단한 결단력과 용기를 필요로 했다. 나를 아는 사람들은 거의 끝나가는 내 학업의 중단을 안타까워하며 어리석다고 질타했다. 어려운 살림에 등록금을 대주던 부모님의 실망이 얼마나 크셨을까. 그러나 나는 길이 아닌 길을 더 이상 계속해서 갈 수는 없었다.

그림을 그리기 위해 먼 길을 돌고 돌아온 세월. 그렇게 부질없는 세월은 가고 어느덧 초로에 접어들었다. 비록 오랜 세월을 그림의 변방에서 어정거렸지만 때늦은 나의 선택은 참으로 나를 행복하게 했다. 내 선택은 옳았다.

젊은 날을 궁핍한 작업실에서 속절없이 흘려보냈지만 추억의 책장을 갈피갈피 열어보노라면 나만의 그림이 쌓여 있다. 처음 그림을 배울 때 영 붓질이 마음대로 되지 않아 스스로 그렇게 답답한 사람인 줄 몰랐다고 한탄하던 일이 생각난다.

나는 하고 싶은 일을, 내가 할 수 있는 일 중에서 제일 못하는 딜레마에 빠져 허덕였다. 내 딴에는 열심히 그려 벽에다 척 붙여놓고 그림이 어떠냐고 남편한테 물었다. 제법 잘했다고 격려해주는 말을 기대하는 나에게 "무슨 꽃을 그렸느냐?"고 물었다.

"국화."

"그러면 국화라고 옆에다 써놓아야 국화인 줄 알지."

남편은 나를 기가 막히게 했다. 하도 못 그려서 국화가 국화 같지 않다는 애기였다. 나는 두고보자, 이를 갈았다. 한번은 남편이 옆에서 들여다보고 있는 줄도 모르고 연습에 몰두하고 있었다.

"나 같으면 발가락으로 그려도 이보다는 잘 그리겠네."

두고 볼 것도 없지. 나는 천천히 먹을 갈았다. 그리고는 다정하게 남편을 불렀다. 이미 자기가 한 말을 까맣게 잊어버린 남편은 사람 좋은 얼굴로 다가앉았다. 발가락에 붓을 끼워주며 빨리 그려 보라고 채근했다. 말을 했으면 당연히 책임을 져야 하는 법이니까. 내 성격을 잘 아는 남편의 특별한 격려법이었으리라는 생각은 한참 뒤에나 다가왔다.

한국화를 공부하는 데 천재라면 좋겠지만 둔재라도 크게 문제될 건 없다. 한국화는 겸손한 사람이 그리기 좋은 그림이다. 그저 열심히 묵묵히 그리다 보면 세월만큼 농익은 맛이 붓끝에 실리게 된다. 세월의 힘을 거스를 수는 없는 게 화선지의 교훈이다. 연습량이 많으면 많을수록 강하면서 부드러워지고, 있는 듯 없고, 없는

듯 살아난다. 화법에 충실해야 하지만 법에 얽매이면 좋지 않다. 젊은 날의 급하고 뾰족한 성정과 왕성한 혈기가 노년에 들수록 부드러워지고 자연스럽게 바뀌듯 그림도 조금씩 변해가다 어느덧 자기도 모르는 사이에 기운생동의 경지에 다다르지 않을까.

나는 먹색이 좋다. 먹색이 좋은 건 본능이다. 먹색은 단순히 검정색이 아니다. 먹색은 수만 가지 색이다. 먹색은 그릴 때마다 색깔이 달라진다. 먹색의 깊고 그윽한 맛은 어떤 화학물감도 따라가지 못한다. 먹색은 변하지 않아 생명력이 길다. 먹색은 우주를 품고 있다.

묵향은 식물성 같아서 느끼하지 않고 담백하다.

먹색과 붓질은 궁합이 아주 잘 맞는 부부다. 붓질이 느리면 진중하나 탁하기 쉽고 붓질이 빠르면 경쾌하고 산뜻하나 경하게 흐를 염려가 있다.

잘 갈아진 먹을 묻혀 화선지에 골필을 휘두르는 맛이라니. 천의무봉의 맛이 이러하리니.

하지만 꿈에 불과하다. 언제쯤 한번은 천의무봉의 맛을 볼 수 있으려니, 아직도 나는 꿈을 꾼다. 누구라도 꿈을 꾸게 마련이다. 그리고 언젠가는 그 꿈이 이루어지게 마련이다.

붉은산

"그림은 나에게 놀이의 대상이고 배움의 장場이며 훈련의 도구입니다. 나는 그림 그리면서 놀고 세상과 인생을 배우며 나 자신을 혹독하게 훈련하는 일이 정말 좋습니다….

오래 전에 나를 낳아주신 어머니가 '너는 그림을 업業으로 삼아라' 라는 유언을 남기고 돌아가셨습니다. 그림을 업으로 삼으라니, 그림을 그려서 밥을 벌어 먹고 살라니, 이 땅에서 그림을 그려 밥을 먹고 사는 작가가 과연 얼마나 될까…. 하지만 나는 생전의 어머니에게 불효한 대가를 지불하기로 했습니다. 그림 이외의 것으로는 밥 벌어 먹기를 포기했던 것입니다.

오늘은 어머니의 기일입니다. 지독히 감상적으로 말씀을 드린다면 혹여 어머니의 영혼이 지금 내 그림을 보고 계실는지요. 그런데 나에게는 또 한 분의 어머니가 계십니다. 아버지 떠나신 지 6년이 지난 지금까지 굳건하게 집안의 기둥 노릇을 하면서 새벽마다 내가 좋은 그림 그리기를 기도하십니다. 그러니 여기 걸려 있는 그림들은 돌아가신 어머니의 눈물과 살아계신 어머니의 기도로 이루어진 셈입니다.

그러나 어찌 이 그림들이 두 어머니의 눈물과 기도만으로 이루어

푸른산 · 46.7×26.3cm

진 것이겠어요. 안 보이는 곳에서 묵묵히 힘을 쏟아주는 '테오' 같은 형제와 가족, 무엇보다도 이 보잘것없는 자리에 와 주신 여러분의…."

여기까지 겨우 말하고는 목이 메어 말문이 막혀 버렸다. 나의 다섯 번째 개인전 개막식에서 작가 인사를 하는 도중에 말문이 막혀버린

것이다. 감정의 지배를 당하여 인사말을 미처 맺지도 못하고 말문이 닫혀진 걸 부끄러워하는 게 아니다. 며칠 내내 나를 감싸고 도는, 이유를 알 듯, 모를 듯한 찜찜함이 여전히 나를 둘러싸고 있는 걸 느끼며 마음이 착 가라앉는 것이었다. 더구나 아침 일찍 서두르다가 손톱

붉은산 · 46.7×26.3cm

을 부러뜨려 피 맺힌 손톱에 반창고를 붙인 후부터는 하필 결혼식 날 아침 손을 데인 일이 생각나는가 말이다. (2, 30대 결혼생활의 지난함이 결혼식날 아침 손을 데었기 때문이라는 터무니없는 생각을 나는 가지고 있다.)

작품을 끝냈을 때만 해도 좋았는데… 아니, 그건 아니었다. 작품을

다 완성했는데도 여전히 미진했다. 어쩐지 하다 만 것 같은 느낌, 나를 전부 쏟아부었다는 안도감이 없었다. 이거 왜 이러지? 알 수가 없었다. 정말 열심히 했는데도 뭔가 모자랐다. 전람회 도록을 만들고 발송까지 마쳤는데도 여전히 마음은 답답하다. "이렇게로는 안 돼. 무언가 더 남아 있을 거야. 남김없이 쏟아내야 해." 나는 다시 붓을 잡았다. 그리고는 빈 화선지 앞에 섰다.

스승께서 이 세상에서 가장 두렵다고 하신, 발가벗은 화선지를 응시하다가 나는 붓에 진한 먹물을 묻혀 종이 위에 천천히 붓질을 하기 시작했다. 붓은 뒤집어지고 세워지며 춤추듯 리듬을 탔다. 내 안에서 열기가 솟아나며 나는 점점 가공의 세계로 빨려 들어갔다. 그것들은 암벽으로 된 병풍 같은 산봉우리의 형태로 나타났다.

그리고 골짜기, 산골짜기.

해마다 얼음이 얼었다가 녹았을, 비바람에 휩쓸리고 돌덩이가 굴렀을, 낙엽이 쌓이고 썩었을, 그 산. 잔잔한 산꽃이 피었다 지고 맺힌 열매를 먹으며 지친 새들이 둥지를 틀기도 했을 그 산 골짜기마다에 내 삶의 족적이 그려져 나갔다. '사람이 살아가는 길 옆에' 버려졌을 것 같은 연민과 쓸쓸함, 부끄러움과 설렘, 날카로움과 울분, 좌절과 실망, 맹목과 무지 같은 것들이 제각각의 색깔로 태어났다. 내버리고 싶었고 잊어버리고 싶었던, 깊고 깊어서 너무도 아팠던 상처, 그러나 아득히 멀어서 그리움으로 자리 잡은 옛 이야기들이 색깔로 거듭난 것이다.

붓질을 하는 동안에, 이제는 썩어지고 썩어져서 기억나지도, 어쩌지도 못하는 내 허욕 많았던 지난날의 삶의 궤적이 어지럽게 나타났다가 스러져 갔다. 스산하거나 지난한 자취가 아니라 연둣빛 희망으로.

그것은 분명 환상이 아니라 어떤 희망이었다. 희망이라는 어휘가 나를 잠시 슬프게 하지만 그 안에는 이미 내가 없어지고 어느 누군가, 아니면 어떤 힘이 나를, 내 손을 움직이고 있었다. 나는 없어지고 무중력 상태에서 조용히 붓 가는 소리만 들렸다.

골짜기의 연둣빛 희망. '사람이 살아가는 길 옆에' 버려졌을 것 같은 것들. 그 바위산은 그것들을 품은 채 주홍빛 노을에 물들기 시작했다. 제각각의 색깔들로 제 마음대로 다스리던 온갖 것들이 슬그머니 나를 풀어놓기 시작했다. 산은 그렇게 그것들을 품어 포용하고 녹이면서 넉넉하고 자애롭게 붉은 노을에 용해되어 가다가 스스로를 태우기 시작했다. 타오르던 산은 붉은 불덩어리로 용솟음치며, 이글거리며, 하늘로 타올랐다. 내 안에서 불덩어리 하나가 불쑥 치솟아 하늘로 날아올랐다. 내 몸은 스스로의 무게를 버리고 새털처럼 가벼워졌다. 드디어 나는 스스로 얽어맨 것들로부터 자유로워졌다. 나는 단순해졌다. 간단해진 것이다.

"이제는 됐다." 나는 붓을 내려놓고 후련해진 마음으로 중얼거렸다. "이제는 됐다."

「붉은산」은 이렇게 해서 태어났고 며칠이 흘렀다.

그리고 오늘, 나는 새벽 잠자리의 뭔지 알 듯 모를 듯한 우울함의 기미를 떠안은 채 눈을 떴다.

정말로 어머니의 넋이 나를 따라온 것일까? 전람회 개막식이 끝나고 나는 「붉은산」 앞에 섰다. 이글거리는 불덩이 속에 숨어있는, '사람이 살아가는 길 옆에' 있을 것 같은 것들이 내 눈에 보였다.

삶이란 나를 따라다니는 이 무겁고 눈물겨운 느낌. 부러뜨린 손톱의 예감. 붉은 불덩이를 더욱 타오르게 하는, 사람이 살아가는 길 옆에 있는 것들. 이런 것들이 나를 얽어맨 것들이면서 쓸쓸함 속의 작은 행복이거나 혹은 행복 속의 쓸쓸함일 것이다.

그렇다면 앞으로도 얼마나 더 살아야, 나를 밀어내는 이런 것들과 친숙해질 수 있을 것인가, 아니면 나를 밀어내는 대로 그저 그 고약한 기분을 견딜 것인가.

이런 것들과 친숙해지려면 얼마나 더 살아야 할까. 정말이지 그저 이 고약한 기분을 한때 지나가는 젖은 바람으로 태연히 맞을 만큼 무뎌지고 싶다.

사람이 살아가는 길 옆에 · 54×45.5cm

부채 보낸 뜻은

칠월 염천이다. 올해엔 칠월에 윤달이 들어서 엄청나게 덥고 여름이 길 것이라고 하더니 아닌게 아니라 무척 덥다. 겨우 칠월 초순이니 더위가 한풀 꺾이려면 아직 멀었다.

맥없이 더위나 탓하여 봤자 쓸데없는 일, 이럴 때엔 자잘한 일에라도 몰입하는 게 상책이다. 필방에 들렀다가 값싸지만 가볍고 바람이 잘 이는 중국산 부채를 보았다. 갖가지 연한 색의 화선지가 붙여진 앙증맞고 조그만 부채다. 종이가 얇고 풀이 덜 먹어 제법 먹

이 잘 받을 것 같다.

처음 생각으로는 그저 더위나 잊을 양으로 대여섯 자루 그려서 지인에게 선물하려 했는데 걸리는 사람이 많아 그만 숫자가 자꾸만 불어나고 말았다. 뜻밖의 선물을 받고 좋아하는 모습을 보는 것도 기분 좋고 이것저것 그리는 재미도 붙었다.

언제, 마음먹은 대로 누구한테 푸지게 선물 한 번 해보았던가. 내가 보낸 부채로 이 지독한 더위를 조금이라도 견딜 수 있다면 그 아니 좋겠는가.

요즘엔 워낙 냉방시설이 잘 되어 부채가 별 필요 없겠지만, 그래도 성장한 부인의 손에 문인화 한 폭 잘 그려진 부채가 들려 있어 살랑거리면 풍류가 느껴진다.

아무리 더운 여름날이라도, 집안 잔칫날이면 팔순 이모는 고운 한복차림에 그려 드린 합죽선을 들고 나타나셔서 나를 뿌듯하게 했다. 합죽선의 홍매 한 가지는 싱싱해서 늙지 않는다. 내 눈에는 이모도 늙지 않으신다. 그 모습이 얼마나 고운지.

날이면 날마다 선화 그리기에 팔려 부채를 손에서 놓지 못했다. 아마 내 성정으로 보아 시들해질 때까지 계속할 듯싶다.

부채 보낸 뜻을 곰곰이 생각하니
가슴에 붙는 불을 끄라고 보내도다.

눈물도 못 끄는 불을 부채라서 어이 끄리.

조선조 때 작자 미상의 시다. 이 시는 선화에 딱 맞아 떨어진다.

칠월 염천 복더위가 그만 가슴에 붙은 불을 떠올리게 했는지, 난 그만 애절한 짝사랑을 고백하는 사랑시를 부채에 얹고 말았다. 그런데 부채를 손에 든 친지가 정말 맘에 드는 시라더니, 먼 데를 보는 눈빛이 아련해진다. 희미한 옛사랑의 절절함이 다시 아려 오는가. 아니면 지금 이루어질 수 없는 사랑 때문에 용광로 불길 같은 가슴의 불을 어쩌지 못하는가. 실연의 아픔을 간직한, 그의 모습이 새삼스레 가슴 아리고 어여쁘다.

조선 선조 때 사람으로 문무를 겸비하고 풍류가객으로 일생을 살다간 백호 임제 선생은 내 진외가의 조상이다. 평생을 칼과 거문고를 지니고 다닌 양반이 기생에게 보낸 시에 가슴의 불을 끄라고 넌지시 읊조린다.

莫怪隆冬贈扇枝(막괴융동증선지)　엄동에 부채 보내는 마음을

爾今年少豈能知(이금년소기능지)　아직 나이 어려 모를 테지

相思半夜胸生火(상사반야흉생화)　그리워 깊은 밤 가슴에 불이 일거든

獨勝炎蒸六月時(독승염증유월시)　유월 복더위 같은 불을 이 부채로 식히시구려

이러한 백호 선생도 자신의 울분과 한의 불은 부채로도 끄지 못했는지 삼십대의 이른 나이에 이 좁은 땅에 태어난 것이 한이라는 말을 남기고 운명하고 말았다.

문무를 겸비하고 풍류와 기백이 대단한 어른이 부채를 보내는 속내를 은근히 비치는 양이 섬세하고 곡진하다.

이렇듯 부채는 그저 바람이나 일게 하는 풀무 같은 도구가 아니라 풍류의 상징이었다. 상사에 가슴앓이하는 이의 위로가 되기도 하고, 내외할 때 얼굴을 가려주는, 없어서는 안 될 장신구였다.

나는 '너무 더워 바람이 그리운 날에' 라는 제를 달아 휘날리는 버드나무 가지에 웅크리고 있는 새 한 마리를 앉혔다.

부채를 부쳤다. 바람이 인다.

4부

눈물 대신 눈물 같은 그림을 그렸다.
차창 밖 빗물에 어리는 노란색 꽃무더기 같은.
눈물이란 눈물은 모조리 짜내어 물감과 버무려 놓았던 걸까.
그림은 지금도 울고 있다.

소식이 올까?

한 남자를 오래 기다린 적이 있었다.

시외버스 정류장 옆에 있는 찻집 창가에 앉아 나는 버스를 타고 올 한 남자를 기다렸다. 낡은 나무 계단이 있는 이층 찻집이었다. 내가 만나기로 한 남자는 늘 시간을 지키지 않았다. 그러려니, 그에게만은 잘도 참았다, 그때의 나는.

으레 좀 늦으려니 하고 아예 출입문 쪽으로 향해 두툼한 책을 펴들고 앉았다.

그는 좀체 나타나지 않았다. 한 시간, 두 시간이 흐르면서부터 글이 도통 눈에 들어오지 않아 책을 덮어둔 채 창 밖을 하염없이 바라보았다. 문이 열리는 소리가 나면 가슴을 쿵쾅거리며 고개를 들어 문 쪽을 바라보곤 했지만 그는 도무지 나타나지 않았다. 실로 나는 그를 기다리며 가슴이 두근거려 혹 남이 눈치라도 챌까 봐 걱정했다.

소식이 올까 · 54×45.5cm

그는 충청도 어디 바닷가에서 온다고 했다.

휴대전화도 없고 딱히 전화를 걸 만한 공중전화도 흔하지 않은 시절이었지만, 마음만 먹으면 찻집으로 한 통화쯤 해줄 수도 있을 텐데 그는 그러지 않았다. 아마도 전화를 할 수 있는 상황이 못되나 보다며 나는 그에게 자꾸만 너그러웠다.

기다리는 시간이 길어지자 점점 불길한 예감에 사로잡히기 시작했다. 교통사고를 당했는지, 아니면 무슨 나쁜 일이 일어난 건지, 불안한 마음에 좌불안석이었다. 불안한 마음은 꼬리에 꼬리를 물고 나를 잡고 늘어졌다. 저녁도 굶은 채 그대로 붙박이가 되어 앉아 있었다. 찻집 여주인까지 덩달아 걱정을 했다. 누군가 나의 초라한 사정을 짐작하는 게 싫은 나이였다.

밤은 깊어 내가 타고 가야 할 막버스가 끊기고 통행금지에 걸리지 않을 시간에 일어나야 했다. 그가 타고 올 지도 모를 막버스의 하차장에 갔다가 오지 않는 그를 걱정하고 원망하며 합승택시를 타기 위해 그 곳을 떠났다.

내가 앞문으로 찻집을 나가자마자 그는 찻집 뒷문으로 들어와 나를 찾았으나 나는 없고 맡겨 논 메모만 있더라고 했다.

그와 난 그렇게 운명처럼 엇갈리어 각자 다른 길을 걸어왔다.

나는 늘 그를 기다려야 했다. 기다릴 수 있는 한 가슴 저리게 그를 기다렸다. 그를 기다리는 게 화나는 일은 아니었다. 다만 못 견디게 힘들었을 뿐.

아마도 사랑이었나 보다. 어쩌면 지독한 사랑을 앓았는지도 모른다.

너도 나도 흔전만전한 사랑타령에 빠져버린 요즘, 사랑이라는 귀하고 귀한 말이 퇴색되어 날림으로 떠도는 말이 되고 말았지만 그래도 사랑이라는 말은 인류가 존재하는 한 영원히 유효하다.

젊은 날 한 때, 누군가를 절실히 기다리며 헤어날 길 없는 늪에 빠져 몹시 앓았다고는 말하지 말자. 언젠가 한 남자를 사랑했는지 기억이 잘 나지 않는다고 치부해버리자. 사랑했다 해도 그 마음의 색깔이 가물가물하다고 말하자. 그러나 그날, 그 기다림의 기억만은 가끔씩 되살아나 다시 나를 아프게 한다. 그 아픔으로 하여 나는 감기를 앓는 것처럼 내 마음자리를 청소하며 비우며 다시 앞으로 나아가는 것일 거다. 아마.

기다림 · 31.5×39cm

무릉도원 · 68.3×44.3cm

아버지의 봄날

아마도 중학교 일,이 학년 때쯤일 거다.

"One day passed."

한숨 쉬듯 아버지가 나지막하게 웅얼거렸다. 아주 조그마한 소리였지만 마치 동굴 속에서 공명이 되는 것처럼 너무도 또렷하게 울려왔다. 나는 숨도 크게 못 쉬고 시선을 둘 데 없어 그저 전주천의 흐르는 물만 바라보고 있었다.

외가에 잔치가 있어 아버지는 기분 좋게 한잔하시고 나를 데리고 집으로 돌아가는 길, 초가을 해가 넘어가는 서신다리에서였다. 서신다리는 이모 댁에서 전주역까지 걸어가는 중간에 한숨 돌리던 곳이다. 새벽 찬바람 맞으며 오빠랑 길을 나설 때 우리를 따라오던 그믐달과 금성을 멈춰 서서 바라보던 곳이기도 하다.

그 후 일 년이나 되었을까. 아버지는 인생을 새로 시작하겠다며 미국유학을 떠나셨다. 그러나 부양할 자식들이 족쇄가 되어 2년도 못

채우고 가난의 땅, 우리 집으로 다시 돌아오실 수밖에 없었다.

아버지의 희망이자 족쇄인 다섯 자식들.

꿈을 이루지 못하고 그저 그렇게 한평생을 살며 아버지는 단 한 번도 못 다한 학업에 대한 이야기를 입 밖으로 내시지 않았다. 그러나 나는 철이 들어가면서, 내 꿈을 실현하고 싶으면 싶을수록 그 날의 아버지의 한 마디가, 가슴 밑바닥에서 끓어오르는 탄식과도 같은 웅얼거림이 떠오르는 것이다.

"One day passed."

눈부시게 화사한 봄날이었다.

드라이브를 좋아하는 아버지께서 복사꽃 피는 금구 쪽으로 나가자고 하셨다. 마침 구릉마다 복사꽃이 만발하여 구불구불한 길가 산자락마다 복사꽃밭이 이어졌다.

"여기가 바로 무릉도원이구나."

아버지는 몹시 즐거워하셨다. 아버지가 갑자기 총각 때 근무했던 초임지에 가보고 싶다셨다. 이서의 조그만 학교였다. 아버지는 혼자서 학교로 들어가셨다. 아마도 나한테 방해받지 않고 추억여행을 떠나고 싶으셨나 보다. 늙으면 추억을 먹으며 산다고 했던가. 아버지는 환하게 웃으며 나타나셨다. 50년이나 지났는데도 변하지 않은 흔적들을 찾았다며 숙직하던 방이며, 칼집이 나 있는 커다란 고목에 대해 말씀하셨다.

그 때 아버지는 무슨 생각을 하셨을까. 잃어버린 꿈을 되새김하셨을까. 아니면, 옆자리에 근무하던 여교사와의 초연이라도 추억하셨을까.

술에 몹시 취하신 날, 아버지는 전화를 하며 펑펑 우셨다. 아버지의 희망이자 족쇄였던 다섯 자식들, 그 중에서 큰 자식인 내가 너무나 시시하게 사는 것 같았는지, 미안하다며 아버지는 우셨다. 내가 진학하려던 미술대학에 보내지 않은 걸 두고두고 후회한 아버지가 우신 것이다.

아버지의 족쇄가 되어 아버지의 꿈을 잘라먹고 자란 나는 이미 아버지에게 희망이 되지 못했다. 어쩌면 자식에게 아버지, 당신이 족쇄가 되어버렸다고 자책하셨는지도 모른다. 이루지 못한 아버지의 꿈과 시시한 자식의 삶이 폭포수로 내리꽂힌 것 같았다.

우리는 원하든 원치 않든 누구의 족쇄가 된다. 그리고 어떤 종류의 족쇄를 차고 살아간다. 족쇄는 벗기려고 하면 할수록 더욱 옥죄이기 마련이다. 누구도 족쇄로부터 자유롭지 못하다면, 그렇다면 기꺼이 자기 몫의 족쇄를 감당할 일이다.

미안하다니요, 아버지.

복사꽃이 지고 아버지의 봄날은 가고 아버지도 가셨다. 개발에 떠밀려 아버지의 '무릉도원' 도 사라져 갔다. 무엇에 떠밀리듯 정신없이 나도 그저 나의 족쇄를 지니고 살아갈 뿐이다.

복사꽃이 흐드러져 연분홍빛 꽃잎이 바람에 흩날릴 때면 나는 어김없이 아버지가 생각나고, 아버지가 생각나면 복사꽃을 그린다.

그럴 때면 설명할 수 없게도 서신다리에서의 아버지의 웅얼거림이 떠오르는 것이다.

"One day passed."

花雨 · 56.5×45.5cm

여럿이, 혹은 혼자서

"마타리 비슷하게 생긴 건 등골나물, 이건 며느리밑씻개, 얼마나 며느리가 미우면 이렇게 가시가 껄끄러운 잎으로 밑을 닦으라고 했을거나. 보라색 종 모양의 꽃 안심에 하얀 방울이 있는 이 꽃은 며느리밥풀, 이건 노인장대, 이 꽃은 지칭개…." 아무리 열심히 알려줘도 돌아서면 잊어버리는 내게 선배언니는 싫증도 내지 않고 참을성 있게 반복하여 알려준다. 아무리 알려줘도 도대체 이름을 외우지 못하니 내게는 들꽃 이름 따위는 절실하지 않은가 보다.

하기야 사람 이름이나 가게 이름도 듣는 대로 잊어버려 낭패 보는 일이 한두 번이던가. 이 사람 이름을 저 사람한테 붙여놓기가 다반사여서 사람들을 당황스럽게 하는 일도 부지기수다. 심지어 일학기 내내 겨우 외운 스무 명 남짓 학생들 이름을 여름방학이 끝나면 새까맣게 잊어버리는 통에 스스로도 황당하기 그지없다. 그러나 그 학생들이 그리는 그림의 특징이나 소재는 절대로 잊어버리지 않으니 누구든 한 대목 백치 같기도 하고 한 대목 천재 같기도 한가 보다.

그런 나도 엉겅퀴, 해국, 금마타리, 달맞이꽃 정도는 안다. 여름이 한창인데도 철 이른 보라색 쑥부쟁이도 피었다. 꽃이름을 안다는 것은 내가 좋아하는 꽃이거나 기억력 좋은 어렸을 적 알았던 꽃이라는 얘기다. 내가 오랫동안 좋아해온 꽃은 이 꽃들 말고도 많이 있다.

논두렁이나 밭두렁 길가 둔덕 아무 곳에나 지천으로 한들거리는 개망초. 가물면 가뭄을 견디고 홍수가 나면 홍수를 이기며 온몸으로 땡볕을 고스란히 맞으면서도 여름 내내 제 스스로 꽃을 피운다.

이국 땅, 북미에서 어찌어찌 이 먼 곳까지 날아와 척박한 땅에 뿌리를 내리고 억척스레 살아남아 이제는 토종보다 더 토종 같은 우리 꽃이 된 들꽃. 꽃 한 송이만 따로 보면 작고 별 볼품이 없다. 꽃잎이 여려서 귀해 보이지도, 색이 화려하지도 않다. 줄기와 잎은 솜털이 달리고 꽃은 쇠어 보인다. 온실에서 귀하게 자라는 꽃과는 달리 앉을 자리만 있으면 자리를 잡아 번식한다. 이렇듯 별로 예쁘지도 않은 꽃이 무성히 피어 여름들판을 하얗게 수놓는다. 크고 작은 키의 조그만 꽃들이 올망졸망 모여 앉아 바람에 이리 쏠리고 저리 쏠리는 양이 따로 구성할 것 없이 그대로 한 폭의 그림이다.

개망초 무더기에는 다수의 강함과 모임의 아름다움이 있다

꽃 옆에 가까이 다가가 오랫동안 바라보노라면 개망초의 꽃 모양이 조금씩 다르다는 걸 알 수 있다. 크기도 모양새도 다르고 봉오리

는 봉오리대로, 다 핀 꽃은 핀 꽃대로 각각이다. 꽃잎이 한 잎쯤 떨어진 꽃, 위를 바라보고 있는 꽃, 옆으로 구부린 꽃 등 모양과 크기가 다 다르고 각각 독립적이다. 모양과 크기와 개성이 다 다르고 각각 독립적인 꽃들이 모여 하나의 아름다운 구성을 이룬다.

이 조그만 들꽃이 이럴진대, 사람들의 공동체는 얼마나 단단하고 아름답고 위대한 업적을 남길 수 있을까. 아니, 남겨야 한다. 그래야 사람이다.

그러나 공동체의 이름으로 우리는 얼마나 뻔뻔스럽고 대담한 범죄를 저지르는가. 다수를 등에 업은 어리석은 용기로 소수를 업신여기고 소외계층에 대해 무심하며 그릇된 우월감으로 우쭐하다. 그리하여 개인의 인격이나 독립성을 말살시키는 일이 비일비재다.

이 세상에 모양과 특징이 같은 생명체는 없다.

개개인의 세계를 인정하고 개개인의 창조성을 인정하자. 지나친 민족주의는 위험하다. 편협한 인종주의는 얼마나 많은 사람들을 불행하게 하는가.

나는 세계인이며 우주인이고 그리고 단군자손이고 전라도 사람이고 반남 박가 야촌 자손이다. 나는 나이지만 너와 합하면 우리이다.

지구를 반 바퀴나 날아와 뿌리를 내리고 토종이 된 개망초. 오늘도 폭염을 아랑곳하지 않고 개망초는 지천으로 피어 다수의 아름다움을, 하나의 귀함을 설법하고 있다.

여럿이, 혹은 혼자서 · 66.5×37cm

만개 전滿開 前

우리는 길고 긴 터널을 통과해야 했다.

터널은 몹시 어둡고 지루했다.

자동차의 질주가 부러웠지만 이미 아무것도 가진 게 없는 우리는 우리의 시원찮은 두 다리로 걸을 수밖에 없었다. 등에는 힘에 부치는 '짐' 을 지고 양손에 '보따리' 를 잔뜩 들고 칭얼거리는 아이들을 데리고 걸어가야 했다.

터널 속은 너무도 어두워 천지 분간이 되질 않았다. 쉶음은 이미 사라져 가기 시작했고 눈은 침침해졌다. 더구나 가끔씩 우리를 불안하게 하는 건 우리가 지독한 어둠 때문에 앞으로 나아가는지, 그 자리에서 뱅뱅 도는지, 또는 뒤로 돌아 거꾸로 가는지조차 분간이 되질 않는 것이었다. 그렇더라도 조금이라도 이 상황을 벗어나려면 우리는 기도하며 헛발 디딜까 조심스럽게, 그러나 씩씩하게 앞으로 걸어

가야 했다. 우리의 체감속도는 느리기만 했다.

그러기를 십여 년, 그나마 암흑과 불안과 절망 속에서도 병들지 않고 지친 몸을 달래가며 걸을 수 있었던 것은 '우리'가 있기 때문이었다. 한 사람의 등짐이 무거워 보이면 다른 사람이 나눠 지어주고 다리가 아파 질질 끌리면 어깨를 부축하며 같이 걸었다. 우리는 서로 힘을 냈다. 내가 힘들어하면 옆에서 같이 힘들어 할까 봐 없는 힘을 냈다.

우리가 가진 것은 보잘 것 없는 것들뿐이지만 위로하고 격려하는 말을 해줄 수 있는 입과 아름다운 소리를 들을 수 있는 귀를 가지고 있다. 그래서 어둡고 지루한 터널 속이라 해도 아주 고통스럽기만 한 것은 아니었다. 때로는 노래를 부르고 춤을 출 수도 있었다. 가끔씩 우리는 활짝 웃기도 했고 소박한 음식을 같이 먹으며 행복해 했다. 두런두런 이야기를 나누며, 보조를 맞춰가며 가슴 속 응어리를 조금씩 덜어낼 수 있어서 적어도 우리는 외롭지는 않았다.

'우리'는 나의 형제자매이다. 머지않아 이 지독한 터널을 빠져 나갈 수 있을 거라고 신념처럼 믿고 사는데, 느닷없이 그 동생 중 하나가 감당하기 어려운 일을 당했다. 밤마다 잠을 못 이루고 뒤척였지만 내가 그의 고난을 대신 져줄 수가 없다. 동생이 당하는 일이 억울하고 억울해 심히 우울하다. 동생은 겉으로는 오히려 나를 위로하며 평

온하지만 내가 이럴진대 그는 오죽할까.

그래도 나는 새벽이 오기 전이 가장 어두운 것처럼 이제 곧 터널은 끝이 나고 밝은 세상이 올 거라고, 어둡고 고통스러우면 고통스러운 만큼 이제 금방 터널을 벗어나게 될 거라고, 이게 마지막 겪는 큰 시련일 거라고, 골이 깊으면 깊은 만큼 산이 높을 거라고 나는 자꾸 나를 세뇌시킨다.

새 생명을 잉태하자면 심한 입덧을 한다. 아기를 가질 때마다 나는 몇 달을 먹지도 못하고 냄새도 못 맡으며 누워 지내야만 했다. 열 달을 뱃속에서 키워 아기를 낳으려면 죽음을 극복해야만 낳을 수 있다. 죽음 같은 고통을 기꺼이 감내하는 건 아기를 얻는 희열과 맞바꿀 수 있기 때문이다.

대체 동생네는 어떤 일을 탄생시키기 위해 그런 시련을 겪어내야 하는지. 어떤 그릇으로 만들려고 신은 감당하기 벅찬 시련을 주시는지.

그러나 너무 걱정하지는 말자. 진주는 상처를 먹고 자란다. 상처가 지독할수록 진주알은 크고 진주 빛은 신비하고 영롱하다. 그는 진주가 될 거야! 그리고 우리의 내일은 오늘보다 나아질 거니까.

어둠이 짙으면 짙을수록 더욱 밝은 날이 올 거다. 이제까지 그래왔듯이 다시 한번 남은 힘을 모두 털어내어 조금씩 걸어가자. 기도하는 마음으로.

곧 우리의 삶이 '만개' 할 날이 올 것이다.

滿開 前 · 35×46.5cm

안구건조증

안구건조증이 심하다. 지난 가을 들어 조금씩 눈이 까슬까슬해지더니 안구건조증이 점점 심해져서 마치 실컷 울고 난 것마냥 눈이 시고 붓는다. 이따금씩 운전 중에 눈물이 마구 쏟아져 갓길에 차를 세워놓고 한참이나 눈을 감고 진정시켜야 한다. 이 질환은 특히 갱년기에 많이 생긴다니 늙기도 서럽거늘 병만 처지나 보다. 이제는 초롱초롱하고 총기 있어 보이는 눈망울을 갖기는 그른 모양이다.

웬만해서는 눈물을 잘 보이지 않는다 해도 때로는 대책 없이 흘러나오는 눈물 때문에 낭패를 본 적이 어디 한두 번이던가. 그런데 겨우 지명을 넘긴 나이에 눈이 뻑뻑해져 뜰 수도 없을 정도로 눈물이 말라 버렸다니. 그러고 보니 울어본 지도 꽤 오래된 거 같다. 나이를 먹어가며 마음이 점점 건조해져 감동할 줄 모르게 되었나 싶어지니 좀 씁쓸하다. 급기야는 피로에 지쳐 충혈되고 정서는 메말라 가고 있으니 속이나 겉이나 제대로 늙어가나 보다.

눈이 까끌까끌하고 눈 뜨기가 거북살스러울 정도로 눈에 물기가 없어져 버렸지만 마음은 늘 우울하고 속울음 우는 양 표정이 울상인 게 참 역설적이다.

내 눈물은 다 어디 갔을까.

어머니는 유난히 눈물이 많았다. 무슨 울음이 그리 많은지 시도 때도 없이 울어서 퉁퉁 부은 얼굴을 했다. 공부하려고 집 떠나는 자식이 가여워 울고, 직장 잡아가는 딸 보따리 싸주며 울고, 큰딸 시집보내 놓고는 사흘 밤낮을 울었다고 했다. 심지어 키워주던 외손녀가 제 집으로 돌아가면서 가기 싫다고 우는 바람에 따라 울었다며 눈이 붓고 벌겋게 되는 바람에 우리 모두 "어지간히 울어야지, 그게 뭐냐?"며 놀릴 정도였다. 그렇게 어머니는 평생을 실컷 우시고는 일찌거니 우리 곁을 간단히 떠나가 버리셨다. 이순도 채우지 못하고서.

그렇게나 빨리 이별해야 되는 운명을 예감하고 눈물이 많으셨을까. 어머니는 살아서나 돌아가셔서나 내게 눈물이었다. 고생만 실컷 하다가 열매도 못 보고 돌아가셨으니까.

그렇다고 눈물 많은 어머니가 나약한 것만은 아니었다. 자신이 처한 환경을 불평하지 않고 개선해 나갔다. 어머니는 지치지도 않고 앞으로 나아가는 사람이었다.

새벽잠에서 덜 깬 코에 스며들던, 어머니가 갓 구워낸 식빵 냄새를 맡으며 얼마나 행복했던지. 손으로 살살 찢어먹는 빵의 육질은 참 부드럽고 고소했다. 내가 아는 어머니는 언제나 가족을 위해 일을 하고 있었다. 그토록 큰 사랑과 믿음을 부어주셨건만 생전에 제대로 돌려드린 기억이 없다.

내게 어머니가 눈물이셨듯이 어머니에게 나는 눈물만 드리는 딸이었다. 어머니에게 눈물이었던 내가 이제는 어머니를 위해 흘릴 눈물도 없다.

내 눈물은 다 어디 갔을까.

그림을 그렸다.

노란색 꽃 무더기 같은.

구차하게 인공눈물이라는 안약이나 몇 방울 시린 눈에 떨어뜨리며 실컷 울고 싶은 마음을 다스려야 한다.

어머니가 세상을 뜨셨을 때, 외숙부는 나에게 말씀하셨다. "너는 울 자유가 없다. 너는 네 동생들 때문에라도 울면 안 된다." 라고. 눈물 많던 나는 마음껏 울지도 못하고 초상을 치러야 했다.

그런데 이제 눈물조차 없는 내가 되었으니 달리 울 일을 만들지 말아야 한다. 울어야 하는데 눈물이 없어서 울지도 못하는 불행함은 없어야 한다. 한번쯤 실컷 울어보고 싶을지라도.

눈물 대신 눈물 같은 그림을 그렸다.

차창 밖 빗물에 어리는 노란색 꽃무더기 같은.

눈물이란 눈물은 모조리 짜내어 물감과 버무려 놓았던 걸까.

그림은 지금도 울고 있다.

涙 · 54.5×45cm

빛과 그림자

공연을 본다.

연주가 깊을수록 관객은 연주자에게 박수갈채를 보낸다. 그 동안의 각고의 노력과 수많은 연습과 타고난 재능에 대한 격려와 우리에게 주는 감동에 대한 보답이리라.

그런데 언제부터인가. 무대 위의 주인공이 스포트라이트를 받으면 받을수록, 최고의 공연이 될 수 있도록 최선을 다한 무대 뒤의 인물들이 자꾸만 생각난다. 하나의 공연이 이루어지려면 많은 스텝이 있어야 하므로.

그들은 이름 없이 빛도 없이 열심히 일했을 것이다. 음지의 그들이 없으면 공연은 이루어질 수 없다. 공연이 성공했다고 공인되면 그들은 다만 만족할 뿐이다. 그들이야말로 저 좋아서 하는 일이다. 합하여 선을 이루는 것이다. 지고지순하다.

빛과 그림자 · 59×113cm

나는 스타가 되고 싶었다. 최고가 되고 싶었다. 그러다 어느 단계에선 단지 어떤 수준에라도 이르고 싶었다.

그런데 지금은 누군가의 숨은 조력자가 되고 싶다. 그때부터인가, 무대 뒤의 보이지 않는, 없어서는 안 될 많은 이들에게 진정한 박수를 보내고 싶어진 것이.

빛이 좋았다.

밝은 빛을 그리고 싶었다. 그러나 너무나 눈이 부셔서 빛을 그릴 수는 없었다. 숲의 그림자를, 나무의 그림자를 바라다보면 어둠 너머로 역광, 빛이 보였다. 빛이 있으니 그림자가 있었다. 어둠 속의 나무를 그리다 보면 밝음을 그려낼 수 있을까? 빛을 드러내기 위해 어둠의 존재는 필요하다.

나는 어둠을 볼 줄 몰랐다. 어리석게도.

밝음을 지향한다면 밝음의 그림자를 인정해야 한다. 양지가 있으면 음지가 있는 법. 수평이 있으면 수직이 있고 플러스가 있으면 마이너스가 있다. 따뜻함과 차가움은 사이좋게 공존한다. 얻어지는 게 있으면 잃는 게 있고 잃는 게 있으면 또 얻어지는 게 있으니 잃는 게 꼭 가슴 아픈 일만은 아닐지 모른다.

빛 뒤에 숨어 있는 익명의 주인공들에게 박수를.

스승은 내게 혹독하였다

지난날 스승은 내게 혹독하였다.

그 혹독함은 내 학구열에 대한 특별한 애정이거나 혹은 내 멍청함에 대한 질타였을 것이다. 아니면 해낼 것 같지 않은 불신감 때문인지도. 완전히 이해하지 못하면 흉내 비슷한 것도 내지 못하고 엉뚱한 짓을 하는 나의 무감각에 스승은 기가 질렸는지 모른다. 그것도 아니면 내 기질을 간파한 스승의 정밀한 교육법이었을까.

스승의 혹독함은 오기를 발동시켰다. 나는 감히 스승과 대적하겠다는 반역을 꾀하려 했다.

스승이 날마다 기를 죽이는 것처럼 나도 스승의 기를 죽이고 싶었다. 그림을 잘 그려 스승을 놀라게 하는 일이 첫 번째 목표였다. 목표가 이루어지는 듯했다. 그림을 공부한 지 일 년여 만에 벽에 붙여 놓은 그림을 보며 내가 그렸다고는 믿지 않으셨으니까. 그러나 그것으로

그림 그린 지 일 년여 만에 그려 스승의 칭찬을 받은 그림

70×138cm

그만이었다. 스승은 더 이상 내 그림으로 인해 놀라지 않았을 뿐더러, 설령 놀랐다 하더라도 기가 죽지는 않았을 터다. 애초부터 스승과 대적하겠다는 오만불손한 계획이 황당무계했다.

"선생님, 몇 년 동안 그림을 그리셨어요?"라는 당돌한 여쭘에,

"30년 그렸다, 왜?"

"그럼, 30년 뒤에 보게요."

30년쯤이면, 그 까마득한 시간이라면, 어떻게 해볼 수 있을 것 같았다. 흘러가는 시간이란 마법과도 같아서 현실감각이 없나 보다.

"네가 30년 그림 그리는 동안 나는 가만히 있다냐?"

대답은 즉각 날아왔다. 참패였다.

대부분 그렇듯이 나의 이십대는 흑암과 태양의 용광로에서 들끓는 쇳물이었다. 불투명한 미래에 대한 막연한 불안감, 아무것도 이루어내지 못할 것 같은 절망과 근거없는 희망이 격렬하게 뒤엉켜 싸워대는 바람에 나는 밤마다 불행했다. 지적허영에 사로잡혀 잠을 자는 건 살아있는 게 아니라면서 불면의 밤을 보내며 이상과 헤세를 읽고 '생의 한가운데'를 생각하며 영어단어를 외웠다.

그렇게 이십대를 보내고 희미하게 앞날이 점쳐지는 삼십대가 되었건만 절망스럽기는 더했다. 남편과 두 아이, 나는 이미 자유인이 아니었다. 더 이상 늦기 전에 나만의 일을 시작하고 싶었고, 그 무렵,

스승을 만났다.

스승과 대적해 보겠다는 어처구니없는 반역의 꿈을 내 스스로 철회할 무렵, 나도 누군가를 가르치기 시작했다.

스승의 정년퇴임 기념전을 대학의 제자들이 열어드렸다. 스승은 모처럼 티없이 환한 표정으로 인사말을 하셨다. 하늘을 우러러 한 점 부끄럼없이, 한 순간 소홀함없이 학생을 가르치고 그림을 그렸노라고 하셨다. 인생의 반려자와 예술의 도반, 그리고 종교적 어른에게 감사하다며 목이 메었다.

언젠가 스승은 빈 화선지가 가장 무섭다고 말씀하셨다. 그러나 스승만큼 치열하게 그림을 사랑하고 천착한 사람이 있을까.

어느덧 나도 그림을 그린 지 20년이 넘었다. 서두르지 않고 게으름없이 그저 한 길을 걸어왔다. 그림을 그리면서 한없이 작아지기도 하고 너무 보잘것없어 보이기도 해서 고통스러웠던 적이 한두 번이 아니지만 세상엔 거저 얻어지는 것은 없을 테니 그리 억울할 일은 아니다. 적어도 그림 그리면서 잘 놀았다. 놀면서, 그것도 잘 놀면서 한 생을 사는 것만큼 축복받는 생이 있을까. 철마다 고운 나뭇잎에 반짝이는 햇살 한 줌, 산책길에 살갗에 살랑대는 바람 한 줄기, 새벽운동길에 문득 만나게 되는 말간 보름달이 눈물나게 고맙고 아름답다. 그림을 그리지 않았다면 이런 사소한 것들이 주는 충만함을 알기나 했을까. 그저 앞으로 내달리기만 하는 삶은 아니었을까. 그림을 그리지 않았다면 얻어지지 않을 복이니 스승이 어찌 단순히 그림 그리는 법만을 알려주셨을까.

스승은 영광된 자리를 탐하지 말 것과 겸손함과 누구에게나 친절할 것을 행동으로, 묵언으로 가르치셨다.

'여러 해 동안의 습작들을 한 자리에 모아 보았습니다. 벌거벗은 부끄러움뿐입니다.' 라는 개인전 서문을 읽으며 단순하고 솔직한 겸손함에 중언부언, 내 서문이 떠올라 모골이 송연했던 일을 기억한다. 어쩌다 스승을 찾아뵈면 그려놓은 그림을 내보이며 일일이 설명해주시는 스승은 아직도 내게 욕심이 많다. 그렇게 옆자리에서 질타하고 가르치면서 스승은 내게 혹독하다. 나는 스승의 혹독함이 좋다. 스승의 건재함이 좋다.

스승이 영광되고 좋은 자리에 계셔서 진실하고 겸손한 인사말씀을 하시는 동안 자꾸만 눈물이 나왔다. 역시 나는 감히 스승의 상대가 되질 못한다. 스승에게 또 지고 말았다.

그러나 나는 다시 반역을 꾀하려고 한다. 누군가에게 내 스승 같은 스승이 될 것이라고.

변방이면서 중심이면서

어찌 보면 나는 변방 사람이다.

내가 서 있는 '땅'이 변방인지 아닌지를 가늠할 기준이 어디에 있는지는 잘 모르지만 아무래도 내가 변방사람인 것만은 확실하다. 그러한 생각이 막무가내로 드는 이유를 곰곰 생각해 보니 내 자신이 제도권의 밖에 서 있다는 정서적, 감정적 문제인 듯싶다. 제도권의 밖이라는 것은 제도권의 혜택을 받지 못했다는 의미이다. 따라서 내가 비주류로 살아간다는 말이기도 하다.

이 땅에서, 학부의 전공학과 출신이 아닌 사람이 그림을 그리며 산다는 말은 고독하고 고립된 삶을 살아야 한다는 의미이기도 하다. 내가 그리는 한국화의 특성상, 도제교육이 제도권 교육보다 훨씬 더 효과가 좋은 건 이미 공부를 해본 사람이나 가르쳐 본 사람이 다 인정할 것이다. 그러나 무리짓기를 좋아하는 우리 민족은 그림판에서도 예외가 아니다. 학연, 지연으로 뭉쳐진 그 어디에도 속하지 못한 나는 참으로 낄 자리가 없으니 자연히 변방에서 찬 서리를 맞으며 바람 찬 거리를 외로이 서성거릴 수밖에 없을 것 아니겠는가.

물론 무학력인 분이 그림으로 일가를 이루어 국내외 저명한 갤러리에 초대받는 것은 물론, 세계적으로 유명한 미술관에 작품이 소장되어 있는 것쯤은 익히 알고 있다. 그러니 못난 사람의 자격지심의 발로임을 부인하지는 않겠다. 또 작가는 작품으로 말해야 한다는 것쯤은 잘 알고 있다.

어차피 그림을 그리는 일은 실로 고독하고 고독한 일이니 좀 외롭다고 무슨 대수일까마는, 이를테면 말이다.

먼 창공을 무리 지어 날아가는 기러기 떼를 본 적이 있는가?

기러기 떼는 맨 앞의 기러기가 앞장을 서서 길을 인도하고 그 뒤를 따라 수많은 기러기들이 일렬종대 또는 유선형으로 전열을 조금씩 바꿔 가며 비상한다. 그런데 국경을 넘는 대장정에서 그 무리를 벗어난 기러기는 얼마 못 가서 탈진해 죽는다고 한다. 그 기러기 떼의 한 마리 기러기처럼, 나도 그림 그리는 동료들과 같이 가고 싶었다. 낙오자가 되기 싫었으니까. 내가 쓸쓸하고 좀 힘들다고 느끼는 건 그런 시시한 이유이다. 나는 대단한 결핍에 대하여는 더러 무신경해도 늘 시시한 이유로 상처받고 마음이 시리다.

내 화실로 몇 사람이 그림을 그리러 온다.

幻 · 42×33.6cm

그들은 이렇게 저렇게 얽혀 있다. 동문 선후배, 같은 중등교육 교사로 말이다. 그래선지 그들은 한 자매처럼 사이가 좋다. 서로 심부름도 해 주고 정보도 교환하고 심지어 쓰던 화선지가 좋아 무던히 아끼다가도 종이가 마음에 안 들어 낑낑대는 사람에게 써 보라고 서슴없이 나눠주기도 한다. 며칠만 만나지 못해도 무슨 일이 있는가 하고 걱정을 땅이 꺼지게 한다. 그런 그들이 부럽다. '저들은 참 예쁘기도 하구나.' 라며 속으로 감동한다. 그런데 어쩌다 학연도 지연도 아무런 관계도 없는 사람이 온다. 나이가 어린 학생이거나 연세 높은 어른이 나오기도 한다. 그러면 혹여 그들이 겉돌게 되지나 않을까 하고 조금 걱정을 한다. 그러나 그건 기우일 뿐, 물의 소용돌이에 휘말리는 것처럼 금방 한살이 되어 여전히 평화롭고 곱게 지낸다. 바로 우리 화실에는 주류, 비주류가 없다는 말이다. 하긴 작은 공간에 몇몇이 모여 그냥 그림공부나 할 뿐, 주류라고 해서 무슨 큰 잇속이 있을 리 없을 테니 주도권 싸움을 할 필요가 없을 것이긴 하다.

어쨌든 나는, 틀림없이 내 인생의 주인공은 내가 될 테니 내가 주류다, 라고 치기를 부려 본다. 내가 중심의 사람이니 물론 남들로 인해 고독하다거나 낙오될까 봐 걱정할 까닭이 없다. 그리고 내가 힘들 때 나를 배려하고 염려해 준 사람들처럼 나도 변방의 사람들에게 염려와 관심을 아낌없이 나눠 줘야 할 것 같아진다.

나는 변방사람이다. 또한 당연히 중심의 사람이다.

변방과 중심은 물의 소용돌이처럼 한살이 되어 돌아간다. 변방이 중심이고 중심이 변방이다. 밖이 안이고 안이 밖이다. 음지가 양지이고 양지가 음지이다. 삶이 죽음의 시작이듯 죽음이 또 다른 삶의 시작이다. 이러므로 나는 두 다리를 맨땅에 단단히 딛고 주먹을 불끈 쥐고 거리를 활보하듯 인생을 활보해 보기로 마음먹는다.

치기인들 어떠랴. 그러나, 그러나 말이다. 색즉시공, 공즉시색의 진리를 언제쯤에나 내 안에 뿌리내리게 할 수 있을지 요원하게만 느껴진다.

나는 지금 모항에 간다

드디어 모항에 간다.

겨울비가 추적거리며 거리를 적시는 지금, 나는 모항에 간다.

모항에 가려고 마음먹은 후 이게 얼마만인가. 모항에 가려고만 하면 갈 수 없는 이유가 생겨 모항행을 포기해야만 했다. 그런데 나는 지금 모항에 간다.

모항 소견 · 35.7×14.6cm

갑작스레 모항에서 모이기로 했다는 모임에 참석하리라 마음먹고부터 마음을 졸였다. 또 무슨 일이 생겨 못 가게 되는 건 아닐까. 아니나 다를까. 전날 저녁부터 진땀을 흘릴 만큼 심한 복통에다 설사를 줄줄 하고 만 것이다. 나는 배에 핫백을 대고 누워 부글거리는 배를 달래면서 괜찮아질 거라고 자꾸만 최면을 걸었다. 다행히 복통이 가라앉은 아침에, 동행할 후배한테서 전화가 왔다. 아이가 아파서 가게 될지, 못 가게 모르겠단다. 그러면 그렇지, 모항이 아직도 나를 허락하지 않는구나,라며 일찌감치 포기해 버렸는데 어쨌든 나는 지금 모항에 간다. 빗속의 모항은 얼마나 고즈넉하랴. 마음이 좀 설레어 왔다.

길은 조금도 불편하지 않았다.

지금은 말끔한 포장도로가 구불구불한 해안선을 따라 잘 나 있지만 예전엔 먼지 풀풀 나는 길이었다.

부안에서 해창을 지나 겨우 차 한 대 지나갈 수 있는 자갈길을 따라 직소폭포로 연결되는 내변산으로 들어갔다. 때로는 변산 해수욕장을 지나 채석강까지 갔다가 오톨도톨하게 쌓아 놓은 듯한 검고 붉게 빛나는 바위를 보고는 되돌아오면 그만이었다. 오늘처럼 비 오는 날의 채석강 바위는 촉촉하게 물을 머금어 더욱 검고 윤이 났다.

어느 날 나는 미지의 땅을 밟아 보고 싶었다.

해안가 도로는 여기저기 공사하느라 파헤쳐 있거나 어떤 구간은 제법 편편하고 단단하게 다듬어져 있었다. 해안을 따라 난 길을 계속 달려가자 오른편으로 작고 조용한 포구 하나가 나타났다. 모르는 길을 가는 두려움 반, 시간에 쫓기는 서두름 반으로 그냥 스쳐 지나가면서 일별한 포구는 너무도 작아서 마치 어느 누가 장난감처럼 만들어 놓은 것같이 그윽하고 아름다웠다. 바다를 등지고 유선형으로 나지막하게 구부리고 앉아 온통 석양의 그늘과 촉촉함과 푸석한 공기마저 머금고 있는, 너무도 고요해서 사람이 살고 있을 성싶지도 않은 그 포구의 이름이 모항이었다. 풍요로워 보이지도, 결코 화려해 보이지도 않는 그 곳이 나는 운명처럼 좋았다. 갯내음이 섞이고 개펄이 녹아든 바다 물빛과 맞닿은 그 곳은 백제 땅이었다. 그저 처음 본 순간 벼락 맞은 것처럼 그곳이 좋아져 버린 것은 아마도 내가 백제인의 후예이기 때문일까? 그 후부터 가고 싶은 곳에 대한 얘기만 나오면 나는 모항을 들먹였다.

정 선배와 천 선배가 어디 한적한 바닷가에 가서 하룻밤 자고 오자고 했을 때, 정 선배가 미조항을 말하자 나는 모항을 들고 나섰다. 미조항은 멀고 모항은 가깝다는 말에 천 선배가 내 손을 들어 줬다. 우리는 모항행으로 결정하고는 '모항 가기 전야제'를 했다.

'모' 자가 무슨 자냐고 내가 물었다. 정 선배는 사모할 모慕라고 하고 천 선배는 어미 모母라 하고 나는 저녁 모暮일 거라고 했는데 정말로 아는 사람은 없이 서로 자기가 맞노라고 우김질을 계속하면서도 우리의 축제는 유쾌했다.

다음날 오후 4시쯤 우리는 모항을 향하여 출발했다. 그런데 웬일이람. 하늘하늘 흩날리던 눈꽃송이가 김제를 벗어나자 하늘을 가득 메우면서 사선으로 세차게 내리꽂는 폭설로 변해 버렸다. 풍경이 좋기야 이보다 더하겠는가마는 차가 빙글빙글 도는 바람에 할 수 없이 발걸음을 되돌리고 말았다.

눈 때문에 아쉽게 모항행을 포기한 후로 나는 모항에 들르지 못했다. 꼭 가려고 들면 못 갔을 리도 없었겠지만 나는 자연스럽게 그곳을 가고 싶었다. 어린아이가 맛난 과자를 감춰두고 조금씩 음미하며 즐기듯이 나도 그렇게 모항을 아껴두고 싶었는지도 모른다. 그렇다고 모항을 아주 보지 못한 건 아니다. 어쩌다 한 번씩 해안도로를 따라 지나쳐 가면서 모항에서 하룻밤 묵으리라고 다시금 마음먹곤 했으니까.

모항에 잠깐 머무른 적이 있다.

그날엔 눈이 살살 흩뿌리고 있어 눈 내리는 모항은 참으로 근사했다. 대학원 수업을 바닷가에서 하자고 나선 길이었다. 채석강에서 점심 후 돌아가는 길에 우리는 눈 내리는 모항을 배경으로, 해안절벽에 새로 지은 콘도의 뜰에서 사진을 찍었다.

그리고는 지금에야 나는 모항에 간다.

변산으로 접어들자, 비 내리는 겨울 바닷가는 텅 비어 있다. 오직 빗소리만 온 천지에 가득할 뿐.

콘도에 먼저 도착한 일행은 바다로 난 창문을 가까이 하고 벌써들 자리를 마련하고 있다가 우리를 맞아 준다.

열린 창문 너머로 바다를 바라본다.

비 오는 바다는 속살을 감춘 채 묵묵하다. 그러나 모항은 옛 모항이 아니다. 장탄식이 절로 나온다. 납작하게 엎드린 황소 잔등만 한 곳에 듬성듬성 해송이 푸르렀던 해변 가에 들어찬, 철시한 미니 슈퍼와 선술집, 해장국집은 그런대로 그렇다 치자. 하나 성냥곽처럼 멋없고 견고하게 들어선 연수원 건물은 거슬린다. 내버려 둘 건 그냥 좀 내버려두면 좋을 텐데…. 개발이라는 이름으로 우리가 잃어 버려야 할 것들이 앞으로도 얼마나 더 있어야 할 것인가.

그래도 좋은 사람들끼리 한바탕 흥취가 돈다.

김민기의 친구를 가만히 읊조렸다.

검푸른 바닷가에 비가 내리면
어디가 하늘이고 어디가 물이요
그 깊은 바다 속에 고요히 잠기면
무엇이 산 곳이고 무엇이 죽었소

....

....

옛 모항이 아니라도 좋다.

모항에서 바라보는 빗속의 바다는 이미 하늘과 바다의 경계를 무너뜨리고 있다. 주변은 온통 가라앉은 회색이다. 바람은 차갑고 빗물은 상쾌하다.

모항이 어미 모母든 사모할 모慕든 또는 저녁 모暮든 어떠랴. 나의 모항은 어머니의 항구이고 사모하는 항구이고 저무는 날의 항구인 것을….

좀체 잠 못 이루고 뒤척이다가 밤바다를 보고 싶어 밖으로 나섰지만 어두워 바다는 보이지 않고 빗소리만 명랑하다.

왜 잠을 못 드느냐는 후배 말에 대답은 간단하다.

"너무 더워서… ."

■작품해설

자연 속의 삶, 혹은 삶 속의 자연

–박미서 화문집 『사람이 살아가는 길 옆에』의 변증법적 세계

오 하 근
문학평론가 · 원광대 명예교수

박미서의 화문집 교정쇄를 본다. 눈에 먼저 띄는 그림을 감상한다. 그림에 꽂았던 시선을 글로 옮겨본다. 그림과 글이 서로 호응한다. 이 책은 글 속에 그림이 있고 그림 속에 글이 있다. 글과 그림이 하나로 어우러져 화가의 삶의 발자국을 드러내고 있다.

사실 박미서는 화가로 자처하고 있다. 그러니 이 글을 화가가 그림의 여백을 채우듯, 잠시 화필 대신에 문필을 잡아 여기餘技로 쓴 글로 여길 수도 있다. 그러나 우리는 신사임당이 시뿐만 아니라 회화에도 뛰어나다는 것을 안다. 다만 그 그림이 시에 비하여 분량이 적다는 것뿐이다. 회화와 문학은 다른 양상이지만 같은 예술양식이다. 그러므로 미적감각이 풍부한 예술가라면 이 둘은 한 개인 속에서 만나 서로를 보완하고 서로를 충동하면서 동시에 수행될 수가 있다. 화가의 날카로운 관찰력은 문인에게 보는 눈을 주고 문인의 깊은 통찰력은 화가에게 듣는 귀가 될 것이다.

그 관찰력과 통찰력에 의하여 예술가는 사물의 양면을 동시에 혹은 함께 보고 있다. '동전의 양면의 인식'은 리얼리티에 다가가는 수단이다.

> 그 섬에는 밀가루같이 고운 모래사장과 연인들의 사랑이 이루어진다는 하트 모양의 해변과 '무명 무실 무감한 님' 같은 바위가 있었다.
>
> 그리고 그 섬에는 사람이 살고 있었다.
>
> —「바람의 눈물」

이 글은 '그 날의 안개비는 바람의 눈물이었다.' 그리고 '오직 바람과 백사장과 바다와 하늘, 그리고 우리뿐'인 섬에서 '바람은 그렇게 저마다의 사연으로 내내 울고 있었다.'의 시작과 중간을 거친 끝부분이다. 한대수의 노래 「바람과 나」에서 '무명 무실 무감한 님'은 매이지 않고 자유롭게 흘러가는 '무목'의 바람이다. 이 바람은 그럼에도 불구하고 '저마다의 사연으로 내내 울고 있었다.' 왜 바람이 울고 있는가. 지은이는 아마도 이 바람에서 무상無常까지를 함께 보고 있을 것이다. 그 무상을 바람은 우는 것이다. 바람은 복수로 밀려오지만 그러나 '저마다' 다 다른 단수로 울고 있다. 이제는 '바람같이' 지나가버린 '바람 많은' 덧없는 사연을 그 바람은 울고 있다. 그 바람의 사연은 바람 자신의 것이 아닌지도 모른다. 섬이나 바닷가 사람에게는 안개가 생과 사를 좌우할 수도 있다. 바람은 '아무도 없는 곳' 인 듯한 그 섬에서 그들의 무상한 삶을 안개비를 통하여 울고 있는지도 모른다. 우리들도 '아침부터 취하고 싶었다. 바람이 울고 있어, 우리도 아마 울고 싶었을 것이다.' 이렇게 사람은 자연과 교감한다. 바람은 바로 우리들의 사연을 울고 있는 것이다. 그러나 그 무명無名 무실無實 무감無感 무목無目한 '님' 은 흐르는 바람 대신에 움직이지 않고 침묵하는 바위가 대신한다. 바람은 그렇게 흘러가 사라진 것이다. 그리고 '우리뿐' 은 어느새 '연인들의 사랑' 으로 나아가, 끝내는 '사람이 살고 있었다.' 로 발전한다.

안개비가 그 속에 모든 사연을 내포하듯 간결하고 함축적인 이 글은 이렇게 모순 투성이이다. 그러나 그것이 삶의 진실이다. 허무주의자도 살고 있으니까 허무를 느끼는 것이다. 삶은 단조롭지 않고 복잡하며 일원성이 아니고 다원성이다. 이들은 서로 충돌하며 긴장한다. 우리는 이 실상 중 어느 것을 배제하지 않고 모두를 포괄해야 한다. 그리하여 부조화의 조화를 이루어 화합하고 통합시켜야 한다. 그 통합의 결과물이 '사람이 살고 있었다.' 이다.

자리를 함께한 두 장의 그림도 그대로 그런 조화를 이루는 듯하다. 그림 「바람의 눈물」은 안개비가 내리는 듯하는 희뿌연한 화폭에 조금만 날씨가 개어도 인가가 나타날 듯싶다. 그림 「무감한 바위」는 글과는 달리 오히려 물결치듯 살아 움직이는 듯하다. 바람조차도 울고 있는데 바위인들 애써 굳어 침묵만 할 수 있겠는가. 바닷가의 바위는 파도와 조응하지 않겠는가. 그리고 그 바위 앞에는 연인들이 남기고 간 사랑의 흔적인 양 백사장이 불긋게 물들어 있다.

이 책에는 유난히 '바람' 이 많이 분다. 그 '바람' 들은 '무목無目' 의 바람이 아니다. '햇살은 한 뼘씩 엷어져가고 쌀쌀한 바람에 파르르 떨고 있던 미루나무 잎은 날마다 몇 잎씩 떨어져 땅에 뒹굴었다.' (「이 찬란한 꿈을」), '복사꽃이 흐드러져 연분홍빛 꽃잎이 바람에 흩날릴 때면 나는 어김없이 아버지가 생각나고, 아버지가 생각나면 복사꽃을 그린다.' (「아버지의 봄날」)에서의 바람은 무상과 죽음, '여름날의 폭염과 태풍의 비바람과 천둥소리를 견디며 상처받고 할퀴고 뒤집히고 죽을 듯 다시 살아나면서 익혀온 인고의 색깔이다.' (「가을, 그 절정의 미학」)의 비바람은 물론 고난과 인고, '정말이지 그저 이 고약한 기분을 한때 지나가는 젖은 바람으로 태연히 맞을 만큼 무뎌지고 싶다.' (「붉은산」)의 젖은 바람은 불쾌와 번민, '부채를 부쳤다. 바람이 인다.' (「부채 보낸 뜻은」)의 바람은 완화와 진정의 의미, '마른 연줄기에 바람이 한 점 지나갔다. 마른 잎이 약간 흔들린다. 이 나이에도 미혹

하기 십상이지' (「별로 섭섭치는 않게」)와 '잔잔한 바람이 물이랑을 만든다.' (「수련」)의 바람은 유혹과 파문과 자유의 상징이다.

'야단스럽지 않은 바람이 쓸쓸한 풍광 위로 일렁거리고 물가엔 새 한 마리도 없이 고요했다.' (「가을, 그 절정의 미학」)의 바람은 고요 속에 들리는 자연의 숨결이다. '하나의 풀잎이 또 다른 하나의 풀잎에 제 몸을 부비며 바람을 일으켜 세우듯' (「하나의 풀잎」)의 바람은 생명을 유지하며 분열하지 않도록 보호하는 영靈의 힘이다. 그래서 바람은 끈, 그물, 실 등과 연관된다.(진 쿠퍼, 그림으로 보는 세계 문화 상징 사전) '바람과 햇볕과 이슬을 받아먹으며 익을 대로 익은, 우려낼 대로 우려낸 조선 여인의 가슴속 같은 색깔이다.' (「가을, 그 절정의 미학」)의 바람은 청량, 풍요, 시련, 영혼의 상징이다. 바람은 실로 영혼의 상징이다. 그것도 풍요를 위한 시련을 거쳐 이제는 청량한 조선 여인의 영혼이다.

'그 길 양쪽에 작은 나무가 잔잔한 바람을 이고 있다. 그때 그 꿈속에서 느꼈던 그 바람의 느낌을 표현하고 싶었다. 그 맑고 시원하고 산들거리는 바람, 내 살결에 살랑거리며 감겨들던 그 신선한 감촉을 그리고 싶었다.' (「가을, 그 청량한 바람 같은」)에서는 꿈속의 몽환적인 아름다운 풍경 속에 이는 바람이다. 그 유토피아에도 바람은 있었다. 이 바람은 자연의 숨결과 인간의 영혼이 결합한 바람이다. 바람은 자연의 생명과 인간의 영혼을 하나로 결속한다. 그러나 바람은 또

한 손에 잡히지 않는 것, 옮겨가는 것, 실체가 없는 것, 잡아두기 어려운 것을 내포한다. 바로 무명, 무실, 무감이 그것이다. 작가는 이 바람을, 바람의 감촉을, 바람의 상징을 그리고자 안간힘을 다한다.

바람을 그리는 것은 자연에 생명을 주고, 그림에 영혼을 깃들게 하는 작업이다. 그림 그리기는 작업이 아니다. 일종의 도이다. '나는 그림 그리는 일이 도 닦는 일이라고 믿었다.' 그래서 '도달하고자 하는 감정의 이상세계는 황홀경이다.'(「그림을 그리며」)라고 작가는 말한다. 자연이 생명을 얻고, 그 그림에 영혼을 깃들이는 것이 이른바 기운생동氣韻生動이다. 자연의 기가 운율에 맞게 삶의 에너지를 얻어 살아 움직이는 듯한 그림, 이것이 한국화의 최고의 경지이다. 이 운을 작가는 '붓은 뒤집어지고 세워지며 춤추듯 리듬을 탔다. 내 안에서 열기가 솟아나며 나는 점점 가공의 세계로 빨려들어갔다.'(「붉은 산」)라고 했다. 그러기 위해서 작가도 자신을 잊고 자연의 일부분이 되어야 한다. '그 안에는 이미 내가 없어지고 어느 누군가, 아니면 어떤 힘이 나를, 내 손을 움직이고 있었다. 나는 없어지고 무중력상태에서 조용히 붓 가는 소리만이 들렸다.'(「붉은산」), '나는 어느새 작고 갸날픈 한 마리 새가 되어 고스란히 찬비를 맞고 있다.'(「청매 그리기」)라고 작가는 그러한 경지를 그리고 있다. (「붉은산」)과 같이 자리한 (「사람이 살아가는 길 옆에」)의 화폭 속의 양쪽 나무들을 보자. 만고풍상을 겪었을 법한 굳어 휘어진 줄기는 길쪽으로 가지를 내리

며 '사람이 살아가는 길 옆에 버려졌을 것 같은 연민과 쓸쓸함, 부끄러움과 설렘, 날카로움과 울분, 좌절과 실망, 맹목과 무지 같은 것들' 을 감싸 차곡차곡 밑둥에 쌓아 놓은 듯싶다. 어느 시인은 '나를 키운 건 팔 할이 바람이었다.' 고 했지만, 작가 역시 이 바람을 그리기 위해서 그 화력의 팔 할을 다 소모하는지 모른다.

그 바람은 청량하다. 그래서 '아침나절에 보아도 역광의 방향만 달라졌을 뿐 동상의 가을은 여전히 유난스럽지 않고 화려하지 않으면서 산 위의 스카이라인이 아련한 실루엣을 만들어내고 있다. 마치 오십대의 기품있는 여인네의 품성을 닮은 듯하다.' (「가을, 그 절정의 미학」) 흔히 단풍에서 가을의 절정의 미를 찾는다면 '그 불타오르는 듯한 단풍의 현란함' 은 그만큼 짙은 빨강색을 강조하여 표현할 것이다. 이 기행에서 '이제 막 정염에 불타오르는 열정' 의 단풍도 있기는 하다. 그러나 이내 그 단풍 역시 '우려낼 대로 우려낸 조선 여인의 가슴속 같은 색깔' 이 된다. 그래서 수묵담채화가 이루어진다.

그림 「피안彼岸」 속의 단풍 역시 그렇다. '그때 그 시간의 운일암반일암은 기암괴석의 남성미와 계곡의 맑은 물위에 비치는, 마침내 다 이루어낸 단풍의 여성미로 인하여 하나의 완성을 이루고 있었다.' 그렇게 '완성' 을 이루어낸 바위의 남성미도 역시 농묵이 아닌 수묵으로 층층이 쌓여있다. 그리고 여백에 흐르는 구름과 계곡에 담채로 흐르는 물은 우리의 마음속에서도 흐르는 듯하다. 그리하여 끝내는 보는 이가 차안에서 피안에 이르게 한다.

「이 찬란한 꿈을」조차도 구상의 구륵과 추상의 몰골이 이룬 형체와 색의 배합에 따른 색조에 의해서 '찬란한 꿈' 이 이루어지지, 색 자체는 찬란하지 않고 오히려 담담하다.

문득 은빛의 그림을 그리고 싶다.

독이 닿으면 색이 변해 사람의 목숨을 구하는 은수저처럼 마음을 구원하는 그림을 그리고 싶다. 오래 묵을수록 약삭스럽지 않아 묵직하고, 질리지 않고 세월의 더께가 아름다운 은가락지 같은 그림을 그리고 싶다. 은의 광택처럼 은은하고 따스한 그림을 그리고 싶다.

-「은수저를 닦는다」

그렇게 작가의 그림은 은빛을 낸다. 그 은빛 같은 수묵담채화는 우리의 마음을 구원한다. 묵직하고 질리지 않으며 세월의 더께가 아름답고, 은은하고 따스한 작가를 읽는다. 여기에 하나 무채색이 덧붙여진다. 채도가 없고 명도만 있는 하양, 회색, 검정등 무채색의 그림은 '맑고 깨끗하게, 단순해지자. 원형질만 남게.' 의 실현이다. 수묵담채에서 아예 담채마저도 제거하고자 하는 작가의 순수에의 열망을 읽게 한다. 그리하여 그림 「幻, 잃어버린 삶을 위해 촛불을 켜라」의 무채색의 꽃이 피어난다. 무채색의 하양이 형체를 지니려면 구륵에 의한 윤곽이 필요할 것이다. 그러나 여기엔 선 대신에 여백을 희미한 회색의 가루로 배경을 이루게 하여 하얀 꽃을 형상화하고 있다. 그러나 그것은 여백도 배경도 아니다. '늦가을 저물녘 돋은 생각' 의 편린들이고, '잃어버린 삶' 의 조각인지도 모른다. 회색은 망각의 색이고, 그 망각을 생각해내는 회상의 색인지도 모른다. 이 꽃들이 '촛불' 이 될 때 이 편린과 조각의 자취들은 오히려 촛불의 빛을 밝게 하기 위

하여 그 주위를 맴돌다 끝내 어둠 속에 사라질 것이다.

이렇게 어느새 작가의 수묵담채나 무채에 길들여진 우리는 그림 「자목련」을 보고 그만 움찔한다. 혹은 검정이나 하양으로, 혹은 노랑이나 파랑으로, 그것도 채도를 달리하여 뱀대가리를 내밀고 소외된 이들이 아우성치듯, 무리지어서 불록불록 솟아나는 형상에 글을 읽기 전에 소름이 끼친다. 이 형상들은 위아래 대칭으로 남겨놓은 여백으로도 벗어날 수 없을 정도로 피맺혀 있다.

이 글은 시이다. 그리고 제재는 자목련이다. 마디마디 맺혀 있는 것은 '덧없이 살아온 이야기' 이다. 그리고 이를 꽃으로 변용시키는 에너지의 원동력은 '바싹 마른 베 보자기에 한 세월 아린 가슴 한 자락을 걸러내어' 생긴 '앙금' 이다. 그리하여 자목련은 '중년의 과부 같은 꽃' 이 된다. 아, 그렇구나. 그렇게 걸러내고도 어쩔 수없이 남는 앙금, 그렇게 정화시키고도 하릴없이 남아 있는 앙금, 이것이 장작이 되어 그렇게 불타오름을 마련하고 있구나. '한 세월' 은 한의 세월인가 하나의 세월인가 아니면 평생인가. 아무런들 어떠랴. 하여튼 같은 세월일 수밖에 없다. 우리는 이제 자목련 앞에서 두려움 대신에 슬픔을 느낄 수밖에 없다.

박미서의 작품을 수묵담채라는 등의 선입견을 가지고 대하면 이해에 방해가 된다. 이미 알고 있는 지식이 새로운 인식에 장애로 작용하기 때문이다. 그래서 선견과 선판단과 선이해를 제거하는 것이 현상에 다가가는 바른 길이라고 현상학은 말한다. 미리 알고 있는 것은 불분명하니 괄호치기를 하여 판단을 유보해야 한다. 그래서 동양에서는 '관조'라는 용어를 쓰고 있다. '우리는 무지개의 색깔 이름을 알게 되는 그때부터 무지개가 갖고 있는 보다 많은 색깔을 보는 눈을 잃어버리는 것이다.'(김해성, 『현대미술을 보는 눈』)

하기야 사람 이름이나 가게 이름도 듣는 대로 잊어버려 낭패보는 일이 한두 번이던가. 이 사람 이름을 저 사람에게 붙여놓기가 다반사여서 사람들을 당황스럽게 하는 일도 부지기수다. 심지어 일학기 내내 겨우 외운 스무 명 남짓 학생들 이름을 여름방학이 끝나면 새까맣게 잊어버리는 통에 스스로도 황당하기 그지없다.

–「여럿이, 혹은 혼자서」

이렇게 망각해야 새로운 눈으로 사물을 볼 수 있다. 어린이는 사물에 익숙하지 않기 때문에 오히려 기존의 불확실한 객관적인 눈이 아닌 마음으로 보는 눈을 가진다. 그래서 기발한 자신의 세계를 창작해내기도 한다. 그러나 최고의 경지에 오른 그림은 마음으로 보는 눈만은 안 된다. 이런 창작의 경지를 작가는 눈이 기억하는 오르가슴이 아닌 '몸이 기억하는 오르가슴', '몸이 먼저 알고 갈망하는 오르가슴'(「그림을 그리며」)에 도달하는 세계라고 하고 있다. 그런 그림은 이렇게 직관의 경지에 도달해야 완성되는 것이다.

이 화문집에는 '바람의 눈물'처럼 이질적인 것들이 등가적等價的으로 나열되어 있다. 이러한 이율배반은 '언덕 위의 하얀 예배당'에서도 나타난다. 하느님의 성소인 예배당은 우리의 놀이의 공간이었고 우리는 하느님도 아랑곳하지 않는 불교 용어로 '천상천하 유아독존天上天下 唯我獨尊'이었다. 지금도 이른바 '땡신자'이면서 하느님을 사랑하고 있다고 믿는다. 그리고 지금도 '어두운 하늘을 등지고 서 있는 겨울나무 사이로 종소리가 울려 퍼진다.' 이는 하늘의 묵시이다. 그림 「묵시」는 이 종소리를 휘날리는 눈으로 표현한다. 그리고 '하늘을 등지고 서 있는 겨울나무'는 바로 삶에 지쳐 하느님을 잊은 지은이 자신이고 우리 모두이다. 예배당의 종소리는 이렇게 눈처럼 맑게 울려 퍼져 하느님을 우리에게 묵시적으로 보여준다.

이 이질적 양상의 등가적 표현은 바람의 여러 의미와 상징을 형상화하려고 시도하는 그림과 글에서 명백하게 보여진다. 그런 작가의 태도를 직접적으로 표현한 것들을 살피면 '열심히 살다가 생을 마감할 때는 미련없이 툭 떨어져버리는 능소화'(「어둠 속에 돋아나는 꽃들」), '이제 와 생각하니 내가 그 때문에 힘들었던 것처럼 그도 나 때문에 쉽지 않았을 것이다.'(「다른 시선으로」), '쓸쓸함 속의 작은 행복이거나 혹은 행복 속의 쓸쓸함'(「붉은산」), '여럿이, 혹은 혼자서'(「여럿이, 혹은 혼자서」), '빛과 그림자'(「빛과 그림자」), '변방이면서 중심이면서'(「변방이면서 중심이면서」) 등, 이외에도 수없이 많아 구태여 본문을 나열할 필요도 없이 제목에서만 찾아도 될 것이다.

이는 사물을 인식하는 작가의 바른 눈이고, 예술 창작의 방법이기도 하다. 시는 모순·대립의 아이러니로 이루어졌다고 현대 신비평은 말한다. 고대 그리스 철학에서 제논은 상대방의 입장에서 자신의 논리의 허점을 발견했고, 소크라테스는 이 변증법을 아이러니로 활용했다. 사물의 운동은 모순·대립으로 이루어져 정·반·합 正·反·合의 삼단계로 인식되고 발전한다.

박미서는 이 모순·대립하는 아이러니를 글에, 그리고 화폭에 담아 그 정과 반의 갈등과 긴장을 합으로 이끌어낸다. 그래서 그 융화·화합의 정신으로 조화·통합시켜 자연 속의 삶, 혹은 삶 속의 자연을 새겨놓은 것이 바로 이 화문집의 의미이다. 이 화문집에서 화가이면서 문인인 박미서는 그림으로 글을 그리고 글로 그림을 쓰고 있다. 우리는 그림으로 글을 쓰고, 글로 그림을 그리는 박미서의 앞날을 기대한다.